Horst Fugger

BÖRSEN-LEXIKON

TITEL DER SIMPLIFIED-BUCHREIHE

Matthias von Armin
Aktien – simplified

Lawrence A. Cunningham
Value Investing – simplified

Pierre M. Daeubner
Alles was Sie über Technische Analyse wissen müssen – simplified

Ed Downs
Die besten Chartmuster – simplified

Christian Eck/Marcel Langer/Matthias Riechert
Eurex – simplified

Horst Fugger
Börsen-Lexikon – simplified

Horst Fugger
Derivate-Lexikon – simplified

Markus Gunter
Investmentfonds – simplified

Markus Jordan
Zertifikate – simplified

Jay Kaeppel
Die 4 größten Fehler beim Handel mit Optionen – simplified

John J. Murphy
Charttechnik leicht gemacht – simplified

Georg Pröbstl
Die besten Dividendenstrategien – simplified

Michael Proffe
Die besten Trendfolgestrategien – simplified

Udo Rettberg
Rohstoffe – simplified

Stefan Riße
CFDs – simplified

Daniel Wilhelmi
Emerging Markets – simplified

www.simplified.de

Horst Fugger

BÖRSEN-LEXIKON

Börsenwissen von A–Z

FinanzBuch Verlag

simplified

Gesamtbearbeitung: Druckerei Joh. Walch
Lektorat: Dr. Renate Oettinger
Druck: Konrad Triltsch GmbH, Ochsenfurt

Frundsbergstraße 23
80634 München
Tel. 089 651285-0
Fax 089 652096
info@finanzbuchverlag.de

Den Autor erreichen Sie unter:
hfugger@finanzbuchverlag.de

Bibliografische Information der Deutschen Bibliothek: Die Deutsche Bibliothek verzeichnet diese Publikation in der Deutschen Nationalbibliografie; detaillierte bibliografische Daten sind im Internet über **http://dnb.ddb.de** abrufbar.

ISBN-10: 3-89879-191-2
ISBN-13: 978-3-89879-191-5

simplified

Inhalt

simplified

Vorwort

Lieber Leser,

in einem Lexikon gibt es immer wieder Neues und Wissenswertes zu entdecken:

Angefangen bei A wie „Abwicklung“:
Im Börsensprachgebrauch gleichbedeutend mit der Durchführung und Realisierung von Wertpapiergeschäften.

Über B wie „Barclays Bank“:
Wussten Sie, dass die Barclays Bank auf eine 300-jährige Geschichte zurückblicken kann? Damit gehört sie zu den ältesten, erfahrensten und führenden internationalen Unternehmen im Finanzdienstleistungssektor. Hauptgeschäftsfelder sind das klassische Bankgeschäft, Investment Banking und Investment Management. Barclays verfügt über eine Bilanzsumme von rund 1, 465 Mrd. Euro und ist mit rund 119.000 Mitarbeitern in 60 Ländern rund um den Globus in Europa, in den USA, in Afrika und in Asien vertreten.

Bis hin zu Z wie „Zins“:
Preis, den ein Kreditnehmer für die zeitweilige Überlassung von Geld oder Kapital zu zahlen hat.

Ich wünsche Ihnen nun viel Spaß beim Lesen und Blättern.

Ihr

Vorstand der Barclays Bank

simplified

A

Abgabedruck

Bezeichnung für eine Börsensituation, in der das Angebot an Wertpapieren die Nachfrage deutlich übertrifft, was zu sinkenden Kursen führt. Der Abgabedruck kann sich dabei sowohl auf den Gesamtmarkt als auch auf einzelne Wertpapiere oder Wertpapiergruppen beziehen.

Abgeld (Disagio)

Bei der Emission festverzinslicher Wertpapiere drückt das Abgeld aus, um welchen Prozentsatz des Nennwerts der Ausgabepreis den Nennwert (Nominalwert) unterschreitet. Bei Optionsscheinen kann es zu einem Abgeld kommen, wenn der Kauf des Basisobjekts über den Schein billiger wäre als der direkte Erwerb des Basisobjekts an der Börse.

Absteigende Dreiecksformation

→ Dreieck.

Abwärtstrendlinie

In der technischen Analyse Bezeichnung für eine Linie, die im Chart durch aufeinander folgende Kurshochs von links oben nach rechts unten gezogen wird. Der Abwärtstrend ist dadurch gekennzeichnet, dass jedes Kurshoch niedriger liegt als das vorherige. Durchbricht der aktuelle Kurs die Abwärtstrendlinie, so gilt dies als Signal für ein Ende des nach unten gerichteten Trends.

Abwicklung

Im Börsensprachgebrauch gleichbedeutend mit der Durchführung und Realisierung von Wertpapiergeschäften. Im Aktienrecht Bezeichnung für

Befriedigung der Gläubiger und Verteilung des Gesellschaftsvermögens an die Aktionäre nach Auflösung (Liquidation) einer Aktiengesellschaft.

Ad-hoc-Mitteilung

Nach § 15 Wertpapierhandelsgesetz müssen kursrelevante Nachrichten unverzüglich veröffentlicht werden, um eine gleichmäßige Informationsversorgung aller Marktteilnehmer zu gewährleisten. Dies gilt für alle Nachrichten, die geeignet sind, den Kurswert an deutschen Börsen zur Emission zugelassener oder notierter Wertpapiere erheblich zu beeinflussen. Für die Veröffentlichung der Ad-hoc-Informationen ist das jeweilige Unternehmen verantwortlich.

ADR

Abkürzung für American Depository Receipt. Von US-Banken emittierte Hinterlegungsscheine, die das Eigentum an Aktien verbriefen. Ein ADR kann sich auf eine oder mehrere Aktien beziehen, selten auch auf einen Aktienbruchteil.

Advance/Decline-Linie (ADL)

Wichtiger Indikator aus der technischen Wertpapieranalyse. Die ADL stellt die Differenz zwischen der Zahl der gestiegenen (Advances) und der gesunkenen (Declines) Aktien dar und zeigt somit an, ob eine allgemeine Tendenz an der Börse von einer großen oder einer kleinen Gruppe von Aktien getragen wird.

Affidavit

Lieferbarkeitsbescheinigung. Schriftliche, in der Regel von einer Bank ausgestellte Bescheinigung über Besitz und Herkunft eines Wertpapiers.

AG

→ Aktiengesellschaft.

Agio (Aufgeld)

Bei Anleihen die Differenz zwischen dem niedrigeren Nennwert und dem höheren Ausgabepreis beziehungsweise dem Kurswert. Bei Optionsscheinen die Differenz zwischen dem inneren Wert und dem Kurswert, wenn der Kurswert über dem inneren Wert liegt. Im entgegengesetzten Fall spricht man von Disagio (→ Abgeld). Bei Aktien ist eine Ausgabe mit deutlichem Agio üblich – zum Beispiel bei → Kapitalerhöhungen –, eine Disagio-Ausgabe, also zu einem Preis unter dem Nennwert, hingegen nach deutschem Recht verboten.

Airbag-Zertifikat (Fallschirm-Zertifikat, Puffer-Zertifikat)

Zertifikat, das bis zu einer bestimmten Untergrenze Schutz vor Kursverlusten bietet, aber dennoch eine in der Regel unbegrenzte Partizipation an Kurssteigerungen des zugrunde liegenden Basiswerts gewährleistet. In Abhängigkeit von Faktoren wie Restlaufzeit, Dividendenrendite und Volatilität des Basiswerts kann es allerdings auch dazu kommen, dass der Anleger nicht zu 100 Prozent von Kurssteigerungen des Basiswerts profitiert.

Aktie

Anteilspapier, das wirtschaftliches Miteigentum an einer Aktiengesellschaft verbrieft. Die Höhe des Anteils am Grundkapital und somit am bilanziellen Gesamtvermögen der AG wird durch den Nennwert festgelegt. Der Marktpreis der Aktie entspricht hingegen dem börsentäglich ermittelten Kurswert – falls die betreffende Aktie börsennotiert ist. Die Aktienurkunde besteht aus Mantel und Bogen: Auf dem Mantel finden sich die genaue Unternehmensbezeichnung und der Nennwert, der Bogen enthält die Dividendenscheine (Coupons) und den Erneuerungsschein (Talon), der zum Bezug eines neuen Bogens berechtigt, wenn der erste nach der entsprechenden Anzahl von Jahren verbraucht ist. Die Aktie bietet dem Inhaber zwei Ertragsquellen: zum einen die Dividende als dem Aktionär zustehende Beteiligung am Gewinn der AG, zum anderen die Chance auf einen Vermögenszuwachs durch einen steigenden Kurswert, wenn das Unternehmen profitabel arbeitet und die Aktie somit für einen breiten Anlegerkreis an Attraktivität gewinnt.

Aktienanalyse

Untersuchung von Aktien für Zwecke der kurz- oder langfristigen Geldanlage. Ein Unternehmen beziehungsweise dessen Aktie wird nach bestimmten Kriterien untersucht, wobei der Analyst versucht, aus Daten der Vergangenheit und der Gegenwart Rückschlüsse auf die künftige Entwicklung zu ziehen. Während sich die Fundamentalanalyse auf die Untersuchung der Unternehmensdaten (Umsatz, Gewinn, Gewinnmargen, Marktanteile, Produkte, Dividendenrendite u.a.) sowie des gesamtwirtschaftlichen Umfelds konzentriert, steht bei der technischen Aktienanalyse die Beobachtung von Kurs- und Umsatzverläufen der Aktie im Vordergrund. Trotz ihrer grundsätzlich verschiedenartigen Herangehensweisen können sich beide Schulen durchaus sinnvoll ergänzen.

Aktienanleihe

Aktienanleihen sind, was ihre Konstruktion betrifft, gewissermaßen eine Mischform aus Aktien und festverzinslichen Wertpapieren. Sie sind an den Kurswert derjenigen Aktie gekoppelt, auf die sie sich beziehen. Am Laufzeitende der Aktienanleihe erhält der Anleger eine Zinszahlung, die in der Regel deutlich über der zu diesem Zeitpunkt mit herkömmlichen Anleihen erzielbaren Verzinsung liegt. Unterschreitet der Aktienkurs am Stichtag jedoch ein bestimmtes Niveau, dann erfolgt die Zahlung nicht zum Nennwert der Anleihe, sondern durch eine schon bei der Emission festgelegte Anzahl von Aktien. Der Anleger darf sich durch die auf den ersten Blick verlockend hohe Verzinsung also nicht darüber hinwegtäuschen lassen, dass er ein Risiko eingeht. Wenn die Zinseinnahmen geringer sind als der Kursverlust der Aktien bis zum Stichtag, entstehen unter dem Strich Verluste.

Aktienarten

Nach dem Kriterium der Übertragbarkeit unterscheidet man Inhaber-, Namens- und vinkulierte Namensaktien. Inhaberaktien können durch einfache Einigung und Übergabe übertragen werden. Dem die Urkunde präsentierenden Inhaber stehen sämtliche Aktionärsrechte zu. Bei Namensaktien ist der Eigentümer auf der Aktienurkunde bezeichnet. Eine Eigentumsübertragung erfordert einen Übertragungsvermerk (Indossament) auf der Rückseite des Aktienmantels. Bei der Besitzübertragung von vinkulierten (gebundenen) Namensaktien ist neben dem Indossament noch die

Zustimmung der AG erforderlich. Nach dem Kriterium des Stimmrechts unterscheidet man Stamm- und Vorzugsaktien: Stammaktien verbriefen das volle Stimmrecht auf der Hauptversammlung. Bei Vorzugsaktien ist das Stimmrecht meist ausgeschlossen, dafür stehen dem Vorzugsaktionär eine höhere Dividende beziehungsweise eine Garantiedividende und andere Vorrechte zu, zum Beispiel eine Bevorzugung bei der Liquidation der AG. Die rechtlichen Bestimmungen in anderen Ländern können von denen in Deutschland abweichen.

Aktiengesellschaft

Handelsgesellschaft mit eigener Rechtspersönlichkeit (juristische Person), deren Gesellschafter (Aktionäre) mit ihren Einlagen auf das Grundkapital beteiligt sind. Die Aktionäre haften nicht persönlich: Ausschließlich das Aktienkapital (Grundkapital) haftet für die Verbindlichkeiten der Aktiengesellschaft. Die Organe der Aktiengesellschaft sind Vorstand, Aufsichtsrat und Hauptversammlung. Die Rechtsform der Aktiengesellschaft findet sich in sämtlichen Industriestaaten, wobei die rechtlichen Regelungen Unterschiede aufweisen.

Aktienindex

→ Index.

Aktienoptionsplan

Viele AGs gewähren leitenden Mitarbeitern Aktienoptionen und damit das Recht, Aktien des Unternehmens nach Ablauf einer bestimmten Zeit zu einem festgelegten Preis zu erwerben, der, wenn die AG erfolgreich wirtschaftet, deutlich unter dem dann aktuellen Kurswert liegt. Ziel solcher Aktienoptionspläne ist die Bindung wertvoller Mitarbeiter an das Unternehmen und eine Vergütung, die an den Firmenerfolg gekoppelt ist. Vielfach wird kritisiert, dass insbesondere amerikanische Unternehmen die Kosten solcher Aktienoptionen nicht als Kosten bilanzieren und so ihre Gewinne deutlich höher ausweisen, als es der Fall wäre, würden die Kosten in der Gewinn-und-Verlust-Rechnung auftauchen.

Aktienoptionsschein

Optionsschein, dessen Basisinstrument eine Aktie ist. Aktienoptionsscheine sind als Kaufoptionsscheine, die zum Bezug der betreffenden Aktie berechtigen, weitaus stärker verbreitet als in Form von Verkaufsoptionsscheinen. Neben den »klassischen« Aktienoptionsscheinen, die in Verbindung mit einer Optionsanleihe emittiert werden, haben die so genannten → Covered Warrants in den vergangenen Jahren immer mehr an Bedeutung gewonnen und Erstere zahlenmäßig inzwischen weit abgehängt.

Aktienregister

AGs, die Namensaktien emittiert haben, sind zur Führung eines Aktienregisters verpflichtet, in dem jeder Aktionär mit Namen, Geburtsdatum und Adresse aufgelistet ist. Aus dem Aktienregister können die Aktionärsstruktur und deren Veränderungen entnommen werden. Jeder Aktionär hat der AG gegenüber ein Recht auf Auskunft über den ihn betreffenden Eintrag im Register.

Aktienrückkauf

In den USA seit langem übliche, in Deutschland erst seit kurzem zulässige Maßnahme. Unternehmen kaufen ihre eigenen Aktien an der Börse zurück, um das Volumen umlaufender Titel zu reduzieren und somit den Kurswert der einzelnen Aktien zu erhöhen.

Aktienrückkaufrendite

Bezeichnung für die prozentuale Verringerung des Aktienkapitals einer AG, die Aktienrückkäufe vornimmt. Die Zahl der ausstehenden Aktien wird kleiner, und daher muss bei ansonsten unveränderten Bedingungen der Anteilswert je verbliebener Aktie steigen.

Aktionär

Eigentümer von Aktien einer AG und damit Gesellschafter beziehungsweise Miteigentümer des Unternehmens.

Aktionärsbrief

Schriftliche, regelmäßig oder sporadisch erscheinende Mitteilungen der AG an ihre Aktionäre über den Geschäftsverlauf und andere für die Aktionäre relevante Entwicklungen oder Ereignisse.

A la baisse

Bezeichnung für eine Spekulation auf fallende Warenpreise, Wertpapier- oder Devisenkurse.

A la hausse

Bei einer Spekulation à la hausse setzt der Anlager auf stark steigende Kurswerte der betreffenden Wertpapiere, Waren oder Devisen.

All Time High

Aus dem Amerikanischen übernommene Bezeichnung für den historisch höchsten Stand eines Wertpapierkurses, eines Warenpreises oder eines Wechselkursniveaus einer Währung gegenüber einer anderen.

All Time Low

Gegensatz zu All Time High. Das All Time Low bezeichnet das niedrigste Kurs- oder Preisniveau aller Zeiten.

American Depository Receipt

→ ADR.

American Stock Exchange (AMEX)

Börse in New York. Neben NYSE und NASDAQ die wichtigste Aktienbörse in den USA.

Amerikanisches Optionsrecht

Mit amerikanischem Optionsrecht ausgestattete Optionen und Optionsscheine verbriefen das Recht zur jederzeitigen Ausübung während der

Laufzeit. Gegensatz: →Europäisches Optionsrecht. Die überwiegende Mehrzahl der in Deutschland gehandelten Optionsscheine ist mit amerikanischem Optionsrecht ausgestattet.

Am Geld

Ausdruck bei Optionsscheinen, bei denen der aktuelle Kurs des Basisinstruments auf dem Niveau des Basispreises oder in dessen unmittelbarer Nähe liegt und deren innerer Wert gleich oder nahe null ist.

Amtlicher Handel

Der amtliche Handel ist in Deutschland die Form des Wertpapierhandels mit den strengsten Zulassungs- und Publizitätsvorschriften. Nach § 36 Börsengesetz muss bei der Einführung in den Amtlichen Handel ein Prospekt vorgelegt werden, der genaue Angaben über die betreffende AG enthält. Wertpapiere, die zur Schädigung allgemeiner Interessen oder offenkundig zu einer Übervorteilung des Anlegerpublikums führen könnten, werden nicht zugelassen. Ausländische Unternehmen, die die Zulassung zum Amtlichen Handel beantragen, haben die den Vorschriften in dem jeweiligen Land entsprechenden Unterlagen einzureichen. Bundes- und Länderanleihen sind kraft Gesetzes ohne Prüfverfahren zum Amtlichen Handel zugelassen. Zuständig für den Amtlichen Handel ist der Börsenvorstand unter Mitwirkung der amtlichen Kursmakler.

Analyst/in

Wertpapierfachmann/frau, der oder die mit Hilfe der technischen Wertpapieranalyse und/oder der Fundamentalanalyse ein möglichst genaues Bild über die Situation einer Aktiengesellschaft und die Kurschancen ihrer Aktien zu gewinnen versucht. Analystenprognosen beziehungsweise deren Veränderungen können sich stark auf die Kursentwicklung der betreffenden Wertpapiere auswirken.

Anfangskurs

Der erste an einem bestimmten Börsentag ermittelte Kurs eines Wertpapiers im variablen Handel. Im Gegensatz zum Einheitskurs werden im variablen Handel börsentäglich so viele Kurse ermittelt, wie Abschlüsse zustande kommen.

Anlagestrategie

Gezielte, längerfristig ausgerichtete Vorgehensweise zur Erzielung eines möglichst gewinnbringenden Anlageerfolgs an den Wertpapiermärkten. Die Strategie richtet sich neben objektiven Kriterien, die die fundamentale und die technische Wertpapieranalyse liefern, auch nach der finanziellen Situation und den persönlichen Präferenzen des Anlegers.

Anlaufdividende

Bezeichnung für die erste Dividendenausschüttung einer Aktiengesellschaft beziehungsweise für eine Dividendenausschüttung nach mehreren dividendenlosen Geschäftsjahren.

Anleihe

Sammelbezeichnung für Schuldverschreibungen mit fester oder variabler Verzinsung, längerer Laufzeit und vertraglich fixierter Tilgung. Vielfach hat sich die englische Bezeichnung (Bond) im täglichen Sprachgebrauch durchgesetzt.

Anrechnungsverfahren

Bis einschließlich 2001 gültiges System der Besteuerung inländischer Dividenden. Hierbei wurde die von deutschen AGs auf die ausgeschütteten Dividenden bezahlte Körperschaftsteuer in vollem Umfang auf die Einkommensteuerschuld der Aktionäre angerechnet, um eine doppelte Besteuerung zu vermeiden. 2002 wurde das Anrechnungsverfahren durch das Halbeinkünfteverfahren ersetzt.

Ansteigende Dreiecksformation

→ Dreieck.

Anteilsaktie

→ Nennwertlose Aktie.

Anteilswert

Bei Investmentfonds bezeichnet der Begriff den Wert eines Anteilscheins, der durch Division des gesamten Fondsvermögens durch die Anzahl der umlaufenden Anteile ermittelt wird. Der Anteilswert wird börsentäglich ermittelt und veröffentlicht und entspricht dem Rücknahmepreis, zu dem Anleger ihre Anteile zurückgeben können.

Antizyklisches Vorgehen

Dem herrschenden Trend an den Wertpapiermärkten entgegengesetztes Anlageverhalten. Der antizyklische Investor kauft bei stark fallenden Kursen und verkauft im Aufwärtstrend. Die zugrunde liegende Idee ist, dass sich auf diese Weise das Hauptziel des Anlegers erreichen lässt, bei möglichst tiefen Kursen zu kaufen und die Papiere später wesentlich teurer wieder zu verkaufen.

Arbitrage

Nutzung von Kursunterschieden eines Wertpapiers an verschiedenen Börsenplätzen am selben Handelstag. In Zeiten des Computerhandels und der schnellen Nachrichtenübermittlung hat die klassische Arbitrage viel von ihrer Bedeutung verloren.

Arbitrageur

Teilnehmer am Börsenhandel, der Arbitrage betreibt.

Arms-Index

Von Richard Arms konzipierter Indikator, der das Verhältnis zwischen dem Börsenumsatz steigender und fallender Aktien misst. Ein Indexwert von mehr als 1,0 bedeutet, dass das Umsatzvolumen der steigenden Aktien niedriger ist als das der fallenden. Der Arms-Index gilt als Kontra-Indikator, der eine überkaufte beziehungsweise überverkaufte Situation anzeigt. Als überkauft gilt ein Index oder ein Markt, wenn der Zehn-Tages-Durchschnitt des Arms-Index über 1,2 liegt. Ein Wert unter 0,7 spricht für eine überverkaufte Marktlage.

Ask

Derjenige Kurs, zu dem ein Handelsteilnehmer bereit ist, ein Wertpapier oder eine Ware zu verkaufen. Deutsche Bezeichnung: Briefkurs.

Asset Allocation

Vermögensstrukturierung. Forschungsansätze zur Asset Allocation beschäftigen sich mit der Fragestellung, mit welchen prozentualen Anteilen unterschiedliche Anlageobjekte (Assets) in einem optimal strukturierten Vermögen beziehungsweise Depot vertreten sein sollen. Entscheidungskriterien sind dabei neben Eigenschaften der Assets (Chance-Risiko-Relation, Rendite) auch die Präferenzen beziehungsweise die finanzielle Situation des Investors. Während sich Risiko und Rendite verschiedener Anlageobjekte mit Hilfe mathematischer Modelle objektiv ermitteln lassen, spielen subjektive Präferenzen des Anlegers (Risikobereitschaft, Höhe des Gesamtvermögens) ebenfalls eine wichtige Rolle.

Asset-backed Securities

Anleihen, die durch eine Position an Wertpapieren, Forderungen oder Krediten gesichert sind.

ATX

Austrian Traded Index. Meistbeachteter Aktienindex der Wiener Börse. Der ATX ist ein nach der Marktkapitalisierung gewichteter Kursindex. Indexbasis ist der 2.1.1991 mit 1.000 Punkten.

Aufgeld

→ Agio.

Aufgeld in Prozent

→ Prämie.

Aufgeld pro Jahr

Bei Optionsscheinen gibt das Aufgeld oder Agio an, um wie viel teurer es ist, das Basisobjekt durch Kauf des Optionsscheins und anschließende Ausübung des Bezugsrecht zu erwerben (bei Kaufoptionsscheinen), als es sozusagen »direkt« zum aktuellen Kurswert an der Börse zu kaufen. (Formel bei einem → Optionsverhältnis von 1 : 1: Optionsscheinkurs + Basispreis – Kurswert des Basisobjekts.) Da das wichtige Kriterium der Restlaufzeit bei dieser Berechnung keine Berücksichtigung findet, dividiert man das Aufgeld durch die Restlaufzeit und erhält so ein Instrument zum Vergleich von Optionsscheinen, die sich auf dasselbe Basisobjekt beziehen. Je niedriger das jährliche Aufgeld, desto preiswerter ist ein Optionsschein nach den Kriterien der »klassischen« Warrant-Bewertung. In den letzten Jahren hat dieses Kriterium gegenüber dem Konzept des Fair Value allerdings an Bedeutung verloren.

Aufsichtsrat

Organ der Aktiengesellschaft und anderer juristischer Personen. Dem Aufsichtsrat obliegt die Überwachung der Geschäftsführung der AG, wobei die Aufsichtsratsmitglieder nicht Aktionäre der betreffenden Aktiengesellschaft sein müssen. Er besteht aus mindestens drei Mitgliedern, die aus ihrer Mitte einen Aufsichtsratsvorsitzenden und einen Stellvertreter wählen. Zu seinen wichtigsten Aufgaben gehört die Einberufung der Hauptversammlung (HV).

Aufwärtstrendlinie

In der technischen Analyse Bezeichnung für eine Linie, die im Chart durch aufeinander folgende Kurstiefs von links unten nach rechts oben gezogen wird. Der Aufwärtstrend ist dadurch gekennzeichnet, dass jedes Kurstief höher liegt als das vorherige. Durchbricht der aktuelle Kurs die Aufwärtstrendlinie, so gilt dies als Signal für ein Ende des nach oben gerichteten Trends.

Ausbruchslücke (Breakaway Gap)

Eine Kurslücke (→ Gap), die nach Abschluss einer bedeutenden Kursformation entsteht. Die Ausbruchslücke wird in der technischen Analyse als Beginn eines starken Kurstrends interpretiert.

Aus dem Geld

Ausdruck bei Optionsscheinen ohne inneren Wert. Bei Kaufoptionsscheinen: Aktueller Kurswert des Basisinstruments liegt unter dem Basispreis. Bei Verkaufsoptionsscheinen: Basispreis liegt unter dem aktuellen Kurswert des Basisinstruments.

Ausgabeaufschlag

Bei der Ausgabe von Investmentfonds-Anteilen berechnete Kosten, die der Erwerber zusätzlich zum Preis des Anteils zu bezahlen hat. Die Höhe des Ausgabeaufschlags ist in den Vertragsbedingungen des Investmentfonds geregelt.

Ausgabekurs, Emissionskurs

Derjenige Kurs, den Investoren bei der Ausgabe (→ Emission) von Wertpapieren zu zahlen haben. Bei Anleihen kann der Ausgabekurs dem Nennwert entsprechen, darüber oder darunter liegen. Aktien dürfen in Deutschland nur zum Nennwert oder zu einem darüber liegenden Kurs an die Ersterwerber ausgegeben werden (Verbot der Unterpari-Emission).

Ausgereizt

Bezeichnung für Wertpapierkurse, die ihr Potenzial nach oben oder unten ausgeschöpft haben dürften.

Ausgesetzt

Kurszusatz bei Wertpapieren, die an einem oder an mehreren Börsentagen vom Handel suspendiert sind. Die Aussetzung vom Börsenhandel erfolgt in der Regel im Vorfeld der Veröffentlichung wichtiger Unternehmensnachrichten, die geeignet sind, den Kurswert der betreffenden Aktie massiv zu beeinflussen. Die Verhinderung von → Insidergeschäften gehört somit zu den wichtigsten Gründen für eine solche Maßnahme.

Ausschüttung

Auszahlung von Dividenden, Boni, Liquidationserlösen und dergleichen an die Anteilseigner.

Ausschüttungsfonds

Investmentfonds, der regelmäßig Erträge aus Dividenden, Bezugsrechten, Boni, Zinsen und realisierten Kursgewinnen an die Inhaber der Fondsanteile auszahlt. Gegensatz: Thesaurierungsfonds.

Ausübung

Allgemein die Wahrnehmung der in einem Wertpapier verbrieften Rechte durch den Eigentümer beziehungsweise den Inhaber. Bei Optionsscheinen die Ausübung der Optionsrechte, also der Bezug beziehungsweise Verkauf des Basisinstruments oder die Inanspruchnahme des Barausgleichs.

Ausübungsrecht

Bezeichnung für das den Inhabern von Endlos-Zertifikaten eingeräumte Recht, diese Wertpapiere zu festgelegten Terminen an den Emittenten zurückzugeben. Die Inhaber haben somit die Möglichkeit, die bei einem Verkauf über die Börse entstehenden Kosten zu sparen. Das Ausübungsrecht zur Rückgabe wird in der Regel zwei bis vier Mal pro Jahr gewährt.

Average Rate Warrant

Bei dieser Optionsscheinvariante ist nicht der Kurs des Basisobjekts am Laufzeitende relevant, sondern der Durchschnitt (Average) während der Laufzeit. Bei Fälligkeit wird die Differenz zwischen diesem Durchschnitt und dem Basispreis ausbezahlt.

Average Strike Warrant

Optionsschein, dessen Basispreis zum Zeitpunkt der Emission noch nicht feststeht. Am Laufzeitende wird der Durchschnittskurs des Basisobjekts während der Laufzeit errechnet und die Differenz zwischen diesem Durchschnitt und dem aktuellen Kurs des Basisobjekts ausbezahlt.

Averaging

Vom englischen Wort für Durchschnitt abgeleitete Bezeichnung für eine längerfristig angelegte Strategie, deren Ziel es ist, einen möglichst günstigen durchschnittlichen Kaufkurs für ein Wertpapier zu erreichen. Es werden zu bestimmten, zuvor festgelegten Zeitpunkten immer gleiche Stückzahlen eines Wertpapiers gekauft oder so viele Stücke erworben, wie für einen festgelegten Geldbetrag erhältlich sind. Die letztgenannte Variante ist sinnvoller, weil in Zeiten niedriger Kurse mehr Stücke erworben werden, wodurch sich der durchschnittliche Einstandspreis quasi automatisch verringert. Liegt dieser wesentlich unter dem aktuellen Kurswert des Wertpapiers, kann durch Verkauf ein oft beträchtlicher und wegen des langen Zeithorizonts der Averaging-Strategie steuerfreier Kursgewinn vereinnahmt werden.

simplified

B

Backwardation

An den Terminmärkten die Bezeichnung für eine Situation, in der der Futures-Preis niedriger liegt als der Kassapreis, wobei damit gerechnet wird, dass der Futures-Preis während dessen Laufzeit im Vergleich zum Kassapreis steigen wird.

Bär

Im englischen Sprachraum verbreitete (bear) und von dort übernommene Bezeichnung für Personen, die mit fallenden Börsenkursen rechnen und → à la baisse spekulieren. Gegensatz: → Bulle.

Bärenfalle

Begriff aus der technischen Wertpapieranalyse. Als Bärenfalle bezeichnet man ein Verkaufssignal, das sich im Nachhinein als Fehlsignal erweist. Der Bär tappt in die Falle, indem er auf fallende Kurse spekuliert, auf dem falschen Fuß erwischt wird und Verluste hinnehmen muss.

BaFin

Bundesanstalt für Finanzdienstleistungsaufsicht. Rechtsfähige, bundesunmittelbare Anstalt des öffentlichen Rechts im Geschäftsbereich des Bundesministeriums der Finanzen. Die BaFin ist für alle Bereiche zuständig, die früher die Aufsichtsämter für das Kreditwesen (Bankenaufsicht, BaKred), für das Versicherungswesen und für den Wertpapierhandel überwacht haben. Nach dem Vorbild der amerikanischen Securities and Exchange Commission sollte mit der BaFin in Deutschland eine einheitliche und schlagkräftige Finanzaufsichtsbehörde geschaffen werden, insbesondere nach den zahlreichen Skandalen am → Neuen Markt.

Bahnanleihe

Festverzinsliches Wertpapier, dessen Emittent und Schuldner eine Eisenbahngesellschaft ist.

Baisse

Aus dem Französischen übernommene Bezeichnung für eine über längere Zeit anhaltende Phase starker Kursverluste an der Börse. Seltener werden auch entsprechende Tagestendenzen als Baisse bezeichnet.

Balkenchart

Verbreitete Methode zur Darstellung von Kursverläufen in der technischen Wertpapieranalyse. Das Kursspektrum des betrachteten Zeitraums (Tag, Woche, Monat) wird durch einen senkrechten Balken repräsentiert. Zudem werden durch Markierungen auf dem Balken der jeweilige Eröffnungs- und der Schlusskurs vermerkt. Die Lage dieser beiden Kurse innerhalb des Kursspektrums und die Breite dieses Spektrums gelten als wichtige Kriterien für die Prognose der künftigen Kursentwicklung.

Bandbreiten-Optionsscheine (Range Warrants)

Optionsscheine, die mit einer festgelegten Kursbandbreite (Range) ausgestattet sind. In der Regel erhält der Inhaber für jeden Tag, an dem sich das Basisobjekt innerhalb dieser Bandbreite bewegt, einen bestimmten Geldbetrag. Range Warrants gibt es in verschiedenen Ausstattungsvarianten, so zum Beispiel mit fixen und flexiblen Ranges und mit oder ohne Kursober- beziehungsweise -untergrenze.

Bandbreiten-Zertifikat

Derivatives Finanzprodukt, dessen Inhaber innerhalb einer festgelegten Bandbreite (Range oder Kursspanne) überproportional von der Kursentwicklung des zugrunde liegenden Basisobjekts profitieren kann. Die jeweilige Bandbreite ist durch eine Start- und eine Stopp-Marke begrenzt. Notiert der Kurs des Basisobjekts (Underlying) am Bewertungsstichtag niedriger als die Startmarke, so bildet das Zertifikat die tatsächliche Wertentwicklung des Underlying ab. Notiert der Kurs über der Stopp-Marke, so wird dem Inhaber des Zertifikats am Ende der Laufzeit ein in den Emissionsbedingungen festgelegter, maximaler Betrag ausbezahlt. Von weiteren Kurssteigerungen des Basisobjekts profitiert der Inhaber nicht; das Zertifikat weist also einen Cap auf.

Bankrott

→ Insolvenz.

Barausgleich (Cash Settlement)

Bei vielen Optionsscheinen ist nicht das Recht zum tatsächlichen (physischen) Bezug oder Verkauf des Basisinstruments in den Optionsbedingungen vorgesehen, sondern der so genannte Barausgleich. So berechtigen zum Beispiel manche Aktien-Kaufoptionsscheine zur Auszahlung der Differenz, um die der Kurs der betreffenden Aktie am Tag der Ausübung an einer bestimmten Börse über dem Basispreis liegt, und bei manchen Verkaufsoptionsscheinen gilt Entsprechendes mit umgekehrten Vorzeichen. Bei Indexoptionsscheinen, wo ein Bezug oder Verkauf ohnehin nicht möglich ist – niemand kann einen Index »liefern« –, ist der Barausgleich seit jeher üblich.

Bar Chart

→ Balkenchart.

Bardividende

Der Teil der Dividende, der tatsächlich an den Aktionär ausgezahlt wird. Die Bardividende ist von der Höhe der Bruttodividende und der Körperschaftsteuergutschrift abhängig.

Barrier Warrants

Sammelbezeichnung für mit einer Kursschwelle (Barrier) ausgestattete Optionsscheine. Je nach Optionsbedingungen führt das Unter- oder Überschreiten dieser Kursschwelle zum Verfall oder dazu, dass eine Auszahlung an den Inhaber fällig wird.

Barwert

Durch Abdiskontierung aller künftigen Zahlungsströme ermittelter Gegenwertswert einer Investition, insbesondere eines festverzinslichen Wertpapiers.

Basisinstrument

Das einer Option oder einem Optionsschein zugrunde liegende Finanzinstrument. Gängige Basisinstrumente sind Währungen, Aktien, Anleihen, Indizes, Aktienkörbe (Baskets) und Waren (zum Beispiel Edelmetalle und Öl).

Basisobjekt

Synonym für Basisinstrument oder Underlying.

Basispreis

Bei Optionen und Optionsscheinen derjenige Preis, zu dem das zugrunde liegende Finanzinstrument (→ Basisinstrument, → Underlying) gekauft beziehungsweise verkauft werden kann.

Basispunkt

Kleinste Einheit zur Angabe von Rendite- und Kurswerten beziehungsweise -veränderungen. Ein Basispunkt (engl.: Tick) entspricht 0,01 Prozentpunkten.

Basket

Aus mehreren verschiedenen Aktien zusammengestellter »Korb«, der als Basisinstrument eines → Basket Warrant oder eines → Basket-Zertifikats dient.

Basket Warrant

Optionsschein, dessen Basisinstrument nicht ein einzelnes Wertpapier ist, sondern ein Aktienkorb, der sich aus Papieren verschiedener Unternehmen zusammensetzt. In den vergangenen Jahren wurde eine stetig steigende Anzahl von Basket Warrants an deutschen Börsen eingeführt, wobei Kaufoptionsscheine (Calls) weit häufiger vertreten waren als Verkaufsoptionsscheine (Puts). Die meisten Baskets umfassen Aktien aus einem bestimmten Land, wobei vor allem die so genannten Emerging Markets im Vordergrund stehen (Indonesien-Basket, Mexiko-Basket). Häufig sind auch Branchen-Baskets (Konsum-Basket, Goldminen-Basket) und die Kombination von beiden, also Aktien derselben Branche aus demselben Land (Deutsche Banken, US-Ölproduzenten). Aus Anlegersicht bieten Basket Warrants den Vorteil, dass man mit ihnen auf die Entwicklung eines Landes oder einer Branche setzen kann und nicht auf Gedeih und Verderb einer einzelnen Aktie ausgeliefert ist. Zudem beinhalten vor allem die Emerging-Market-Baskets Aktien, deren Erwerb an der jeweiligen Heimatbörse für deutsche Anleger gar nicht oder nur unter großen Schwierigkeiten möglich ist.

Basket-Zertifikat

Zertifikat, mit dem der Anleger an der Wertentwicklung eines Aktienkorbs partizipieren kann, der vom Emittenten des Zertifikats nach bestimmten Kriterien zusammengesetzt wurde und in vielen Fällen auch einer regelmäßigen Revision und Veränderung unterliegt. Die Zusammensetzung dieser Aktienkörbe entspricht in etwa denselben Regeln wie bei Basket Warrants.

Bear-Zertifikat

Zertifikat, das an Wert zulegt, wenn der Kurs oder Preis des Basisobjekts steigt.

Bedingte Kapitalerhöhung

→ Kapitalerhöhung, bedingte.

Behauptet

Tendenzbezeichnung an Börsentagen, die gegenüber dem Vortag kaum Veränderungen bringen.

Belegschaftsaktien

An Mitarbeiter einer Aktiengesellschaft zumeist deutlich unter dem aktuellen Kurswert liegenden Vorzugspreisen ausgegebene Aktien. Sinn von

Belegschaftsaktien ist neben der Vermögensbildung auch eine Beteiligung der Arbeitnehmer an Erfolg und Risiko des Unternehmens. Meist ist die Ausgabe von Belegschaftsaktien mit einer Sperrfrist verbunden, innerhalb derer die Aktien nicht veräußert werden dürfen.

Benchmark

Messlatte oder Bewertungsmaßstab zur vergleichenden Evaluierung der Performance eines Investmentfonds oder eines Privatanlegers. Benchmark für einen in amerikanischen Aktien anlegenden Fonds ist in der Regel der S&P-500, für einen auf deutsche Standardwerte spezialisierten Fonds der DAX-30, für einen weltweit investierenden Fonds der MSCI World. Als wichtigstes Erfolgskriterium wird meist nicht die absolute Performance gesehen, sondern das Abschneiden im Vergleich zur Entwicklung der gewählten Benchmark.

Bermuda-Optionsschein

Optionsscheinvariante, bei der erst während der Laufzeit bestimmte Termine zur Ausübung des Optionsrechts festgelegt werden. Insoweit sind diese Scheine weder dem amerikanischen noch dem europäischen Optionsrecht zuzuordnen.

Berichtigungsaktien, Gratisaktien

Bei einer Kapitalerhöhung aus Gesellschaftsmitteln werden offene oder stille Rücklagen der AG in dividendenberechtigtes Grundkapital umgewandelt. Die Aktionäre erhalten zusätzliche Aktien entsprechend ihrer vorherigen Beteiligung. Da die Eigenmittel der Gesellschaft auf diese Weise nicht verändert werden, ist die häufig benutzte Bezeichnung »Gratisaktien« irreführend: Zwar braucht der Aktionär nichts für seine zusätzlichen Aktien zu bezahlen, doch er erhält auch nichts geschenkt. Zwar besitzt er nach der Kapitalerhöhung mehr Aktien als zuvor, der Wert der einzelnen Aktie vermindert sich jedoch entsprechend dem Umfang der Kapitalerhöhung.

Bestätigung

In der technischen Analyse Bezeichnung für eine Situation, in der mehrere Marktfaktoren oder Indikatoren übereinstimmen. Zum Beispiel spricht man von Bestätigung, wenn Kurs und Umsatz gemeinsam steigen oder wenn in einem Abwärtstrend fallende Kurse mit hohen Umsätzen einhergehen. Je mehr Faktoren übereinstimmende Schlussfolgerungen zulassen, desto sicherer ist die Prognose einer künftigen Kursbewegung. Das Gegenteil der Bestätigung ist die Divergenz.

Bestens

Zusatz zu einem unlimitierten Verkaufsauftrag. Das Kreditinstitut wird angewiesen, zum höchstmöglichen Kurs, also »bestens« aus der Sicht des Auftraggebers, zu verkaufen. Im Gegensatz zum limitierten Auftrag ist es jedoch nicht erforderlich, dass beim Verkauf ein festgelegter Kurswert erreicht wird.

Best-of-Warrant

Optionsschein, der mit mehreren Basisobjekten ausgestattet ist, die jeweils mit festen Basispreisen versehen sind. Am Ende der Laufzeit hat der Inhaber das Recht, den Basiswert mit der besten Entwicklung (Best-of-Call) zu kaufen beziehungsweise den mit der schlechtesten zu verkaufen (Best-of-Put). Die Regulierung erfolgt in aller Regel über Barausgleich.

Bewertungsstichtag

Bei Zertifikaten derjenige Tag am Ende der Laufzeit, an dem, meist auf Basis des Schlusskurses des Underlyings, der Rückzahlungsbetrag berechnet wird.

Bezugsfrist

Zeitraum von mindestens zwei Wochen zur Ausübung des Bezugsrechts. Während der Bezugsfrist kann sich der Aktionär entscheiden, ob er an der Kapitalerhöhung teilnehmen oder seine Bezugsrechte veräußern möchte.

Bezugspreis

Der bei einer Kapitalerhöhung festgelegte Ausgabepreis der jungen beziehungsweise neuen Aktien. Nach § 186 Aktiengesetz hat der Aktionär das Recht, bei einer Kapitalerhöhung entsprechend seiner bisherigen Beteiligung am Grundkapital neue beziehungsweise junge Aktien zu erwerben.

Bei einer Kapitalerhöhung im Verhältnis 4 : 1 kann er daher für je vier bisher gehaltene Aktien eine neue zum festgelegten Bezugspreis erwerben. Er muss aber nicht: Während des Bezugsrechtshandels kann er seine Rechte veräußern und den für die Bezugsrechte zu erlösenden Preis vereinnahmen. Nach § 186 Abs. 3, 4 Aktiengesetz kann die Hauptversammlung mit einer Dreiviertelmehrheit auch einen Ausschluss des Bezugsrechts beschließen.

Bezugsrechtsabschlag

Am ersten Tag des Bezugsrechtshandels wird die betreffende Aktie »ex Bezugsrecht« gehandelt. Der Kurswert des Wertpapiers verringert sich um den Wert des Bezugsrechts.

Bezugsrechtshandel

Börsenhandel von Bezugsrechten während der Bezugsfrist.

Bezugsverhältnis

Relation zwischen der Zahl der »alten« und der neu emittierten Aktien bei einer Kapitalerhöhung. Ein Bezugsverhältnis von 4 : 1 bedeutet zum Beispiel, dass Altaktionäre für je vier Altaktien eine neue beziehen können.

Bid

Derjenige Kurs, zu dem ein Marktteilnehmer bereit ist, ein Wertpapier oder eine Ware zu kaufen. Deutsche Bezeichnung: → Geldkurs.

Bilanz

Gegenüberstellung der Aktiva und Passiva eines Unternehmens zur Darstellung ihrer Vermögens-, Kapital- und Finanzstruktur. Die Erstellung der AG-Bilanz unterliegt umfangreichen gesetzlichen Vorschriften, betreffend die Anordnung der einzelnen Bilanzpositionen, die Bewertung von Vermögensgegenständen etc. Die so genannten Bilanzkennzahlen, Verhältniszahlen aus Positionen der Aktiv- und/ oder Passivseite, gehören zu den meistbeachteten Kriterien der Fundamentalanalyse.

Bilanzanalyse

Untersuchung der Bilanz eines Unternehmens nach fundamentalen Gesichtspunkten mit dem Ziel, die relative Attraktivität der Anleihen oder Aktien des Unternehmens für Investmentzwecke festzustellen. Daneben gibt es auch noch die interne Bilanzanalyse als Teil des innerbetrieblichen Controlling mit dem Zweck, der Geschäftsleitung Informationen über die Entwicklung wichtiger Kennzahlen zukommen zu lassen.

Billigst

Zusatz zu einem unlimitierten Kaufauftrag. Das Kreditinstitut wird angewiesen, zum niedrigstmöglichen Kurs, also »billigst« aus der Sicht des Auftraggebers, zu kaufen.

Binär-Optionsschein

Europäischer → digitaler Optionsschein.

Binomialmodell

Modell zur Bewertung von Preisen amerikanischer Optionen beziehungsweise Optionsscheine mit amerikanischem Optionsrecht. Entwickelt wurde es von den drei Wirtschaftswissenschaftlern Cox, Ross und Rubinstein. In die Bewertung des Optionspreises fließen in diesem Modell verschiedene Faktoren ein: Kurs des Basisobjekts, Basispreis, Restlaufzeit, Dividende, Zinssatz und Volatilität.

Black-Scholes-Modell

Modell zur Bewertung von Optionspreisen, das, anders als die paritätsbezogenen Kennzahlen, auch das wirtschaftliche Umfeld mit einbezieht. Es beruht auf dem Gesetz der Preisgleichheit (Law of One Price), das besagt, dass zwei Anlageinstrumente, die für jeden möglichen Marktzustand identische Zahlungsströme garantieren, den gleichen Preis haben müssen. Der faire Preis eines Optionsrechts nach Black und Scholes ist derjenige Preis, bei dem sich Gewinn- und Verlustwahrscheinlichkeit exakt die Waage halten. Da dem Berechnungsmodell Prämissen zugrunde liegen, die real nicht gegeben sind (zum Beispiel ein gleicher und über die Zeit konstanter Zinssatz für Soll- und Guthabenzinsen sowie die Vernachlässigung von Transaktionskosten), ist es vielfach kritisiert und modifiziert worden.

Blue Chip

Aus dem angelsächsischen Sprachgebrauch übernommene Bezeichnung für Standardaktien mit hohem internationalen Ansehen.

Bobl

Gebräuchliche Abkürzung für Bundesobligation.

Bodenbildung

In der technischen Analyse Bezeichnung für das allmähliche Ende eines längeren Kursrückgangs. Der Kurs bildet über gewisse Zeit auf dem erreichten tiefen Niveau einen tragfähigen Boden, von dem aus ein neuer Aufschwung starten könnte.

Börse

Markt für Wertpapiere, Devisen und Waren, wo vereidigte Kursmakler aufgrund der ihnen vorliegenden Kauf- und Verkaufsaufträge börsentäglich aktuelle Kurse (Preise) feststellen und einen funktionierenden Handel gewährleisten.

Börsengeschäft

Bezeichnung für einen Vertrag, der von zwei Börsenteilnehmern bezüglich eines an der Börse gehandelten Produkts an der Börse abgeschlossen wird. Bei einem Börsengeschäft kann es sich um ein Kassageschäft, ein Termingeschäft, ein Optionsgeschäft oder um eine Kombination aus diesen handeln.

Börsenmakler

Professioneller Vermittler von Börsengeschäften. Während vereidigte Kursmakler für den Amtlichen Handel von der jeweiligen Landesregierung bestellt werden, in einem öffentlichen Rechtsverhältnis stehen und zur amtlichen Kursfeststellung ermächtigt sind, werden die nicht vereidigten freien Makler vom Börsenvorstand zugelassen, können Geschäfte in allen Wertpapieren vermitteln, dürfen an der amtlichen Kursfeststellung aber nicht teilnehmen. Beide sind jedoch Makler im Sinne des Bürgerlichen Gesetzbuchs und Handelsmakler im Sinne des Handelsgesetzbuchs, deren gesetzlichen Vorschriften ihre Tätigkeit unterliegt.

Börsenplatz

Bezeichnung für den geographischen Ort einer Wertpapierbörse. Die acht deutschen Börsenplätze sind Frankfurt, Düsseldorf, München, Hamburg, Stuttgart, Berlin, Bremen und Hannover.

Börsenwert

Synonym für die Marktkapitalisierung eines Unternehmens. Er gibt an, was das Unternehmen an einem bestimmten Tag an der Börse »wert« ist. Dieser Unternehmenswert wird durch Multiplikation des aktuellen Aktienkurses mit der Anzahl der vom Unternehmen ausgegebenen Aktien ermittelt.

Börsenzulassung

Zulassung von Wertpapieren zum Handel an der Börse. Die Zulassung ist je nach Handelsart von verschiedenen Voraussetzungen abhängig. Manchmal meint die Bezeichnung auch die Berechtigung bestimmter Personen zur Teilnahme am Börsenhandel.

Bogen

Bestandteil der Aktienurkunde. Der Bogen enthält die Dividendenabschnitte (Coupons) und den Erneuerungsschein (Talon), der nach einer entsprechenden Anzahl von Jahren zum Bezug eines neuen Dividendenscheinbogens berechtigt.

Bond

International übliche Bezeichnung für festverzinsliche Wertpapiere.

Bond Warrant

Bezeichnung für Optionsscheine, deren Basisinstrumente festverzinsliche Wertpapiere sind. In Deutschland hat sich dafür die Bezeichnung Zinsoptionsscheine durchgesetzt.

Bonität

Maßstab für die Kreditwürdigkeit von Anleihenschuldnern, insbesondere für die Fähigkeit, die laufende Verzinsung und die Rückzahlung bei Fälligkeit der Anleihe zu gewährleisten. Je schlechter die Bonität eingeschätzt wird, desto höhere Zinsen wird ein Emittent bezahlen müssen, um seine Schuldverschreibungen am Markt zu plazieren. Es gibt international angesehene Ratingagenturen, die die Bonität von Schuldnern prüfen und »benoten«. Die bekanntesten Ratingsysteme sind die von Moody's und Standard & Poor's. Die Skala reicht dabei von AAA beziehungsweise Aaa (höchste Bonitätsstufe, faktisch mündelsicher) bis D (Schuldner in Zahlungsschwierigkeiten, Rückzahlung bereits notleidend).

Bonitätsrisiko

Bezeichnung für das Risiko, dass sich die Zahlungsfähigkeit eines Schuldners während der Laufzeit einer von ihm emittierten Schuldverschreibung verschlechtern könnte. Eine Verschlechterung der Bonität führt meist zu einem deutlichen Kursabschlag der betreffenden Schuldverschreibung. Im schlimmsten Fall kann der Schuldner zahlungsunfähig werden und Zins- und/oder Tilgungsleistungen nicht termingerecht erbringen. Das Bonitätsrisiko spielt eine desto größere Rolle, je länger die Laufzeit der betreffenden Schuldverschreibungen währt.

Bonus

Sonderausschüttung einer Aktiengesellschaft an die Aktionäre. Boni werden in der Regel als einmalige Sondervergütung in Jubiläumsjahren des Unternehmens, bei außerordentlichen Erträgen oder in Jahren mit außergewöhnlich hohen Gewinnen gezahlt.

Bonus-Zertifikat

Bezeichnung für ein Zertifikat, an dessen Laufzeitende der Inhaber einen Bonus in Form einer vom Emittenten garantierten Verzinsung erhält. Die Bonuszahlung erfolgt jedoch nur unter der Voraussetzung, dass der Kurs des Underlying – also der Aktie oder des Index, auf die sich das Zertifikat bezieht – während der gesamten Laufzeit ein bestimmtes Kursniveau (Knock-out-Schwelle) nicht erreicht oder unterschreitet. Diese Schwelle wird meist so gewählt, dass sie bei der Emission des Zertifikats deutlich niedriger liegt als der aktuelle Börsenwert des Underlying, wodurch ein gewisses Sicherheitspolster für den Anleger gewährleistet ist. Wird sie dennoch erreicht oder unterschritten, so verwandelt sich das Bonus-Zertifikat unverzüglich in ein ganz normales Index- oder Aktienzertifikat, und die zugesagte Bonuszahlung geht verloren.

Bonus-Pro-Zertifikat

Eine Variante des Bonus-Zertifikats, bei der die Bonusfunktion nur während der letzten drei Monate der Laufzeit ausgeschaltet werden kann. Fällt der Kurs des Basisobjekts zu einem früheren Zeitpunkt unter die Knockout-Schwelle und steigt später wieder darüber, so bleibt dies ohne Folgen. Der Anleger erhält dann am Laufzeitende dennoch seine Bonuszahlung.

Bookbuilding

In der jüngsten Vergangenheit immer häufiger angewandtes Verfahren zur Festlegung des Emissionspreises von neu an der Börse eingeführten Aktien. Beim Bookbuilding-Verfahren wird kein fester Preis vorgegeben, sondern Interessenten können innerhalb eines vorgegebenen Preisspektrums Zeichnungsangebote abgeben. Bei hoher Nachfrage wird sich der Emissionspreis am oberen Ende des Spektrums bewegen, und Interessenten mit zu niedrigen Geboten kommen nicht zum Zug. Für die neu an die Börse kommende AG besteht allerdings auch die Gefahr, dass bei geringer Nachfrage schließlich ein niedrigerer als der ursprünglich angestrebte Emissionserlös erzielt wird.

Bookbuilding-Spanne

Vom Emittenten eines zum Börsengang anstehenden Wertpapiers festgelegte Preisspanne, innerhalb derer Interessenten ihre Zeichnungsangebote abgeben können. Der Emissionspreis wird durch das Verhältnis von Angebot und Nachfrage bestimmt.

Boom

Börsenphase, die sich durch stark steigende Wertpapierkurse und hohe Umsätze auszeichnet.

Bottom-up-Optionsschein

Am Laufzeitende dieser Optionsscheinvariante kommt es zur Auszahlung eines bestimmten Geldbetrags für jeden Tag, an dem der Schlusskurs des Basisobjekts oberhalb eines bestimmten Niveaus notiert hat. Während der Laufzeit angesammelte Beträge bleiben auch dann erhalten, wenn das Basisobjekt zwischenzeitlich oder dauerhaft unter dieses Niveau sinkt.

Branche

Wirtschaftszweig, zum Beispiel die Automobil-, Stahl- oder chemische Industrie.

Branchenfonds

Investmentfonds, der vorwiegend oder ausschließlich in Aktien von Unternehmen einer oder mehrerer miteinander in enger Beziehung stehender Branchen investiert. Die Risikominimierung durch Branchenstreuung wird dabei vernachlässigt, innerhalb der Branche findet allerdings in der Regel eine breite Streuung auf verschiedene Aktien statt.

Branchenindex

Index, der die Aktien einzelner Branchen umfasst. Die bekanntesten sind neben den internationalen MSCI-Indizes die Branchenindizes des C-DAX, der Dow Jones Utilities Index und der Dow Jones Transportation Index.

Branchenrotation

Abwechselnde Bevorzugung der Aktien bestimmter Branchen an der Börse. Wenn die Aktien einer Branche bereits stark gestiegen sind, rücken oft die einer anderen in den Mittelpunkt des Anlegerinteresses, weil man diesen noch zusätzliches Kurspotenzial zutraut. Auch politische Entwicklungen und Veränderungen des Zinsniveaus können eine Branchenrotation auslösen.

Branchenstreuung

Verteilung des Aktienvermögens auf Papiere von in verschiedenen Branchen tätigen Unternehmen. Sinn der Branchenstreuung ist eine Risikominimierung, da die Erfahrung zeigt, dass in Zeiten fallender Kurse am Aktienmarkt nicht alle Branchen gleich stark betroffen sind.

Branchenzertifikat

Ähnlich wie bei Branchenfonds wird bei Branchenzertifikaten in Aktien eines bestimmten Wirtschaftszweiges investiert. Im Gegensatz zu Fondsanteilen ist jedoch in den Emissionsbedingungen des Zertifikats genau festgelegt, in welche Titel investiert wird und unter welchen Bedingungen einzelne Aktien ausgetauscht werden.

Breakaway Gap (Ausbruchslücke)

Eine Kurslücke (Gap), die nach Abschluss einer bedeutenden Kursformation entsteht. Der Breakaway Gap wird in der technischen Analyse als Beginn eines starken Kurstrends interpretiert.

Break-even, Break-even-Point

Englische Bezeichnung für Gewinnschwelle, also die Grenze, ab der ein Produkt oder ein Unternehmen einen Überschuss oder Gewinn erzielt. Im Börsensprachgebrauch oft im Sinn von Schwarze Null gebraucht.

Briefkurs

Kurs, zu dem ein Marktteilnehmer bereit ist, ein bestimmtes Volumen eines Wertpapiers zu verkaufen. Gegensatz: → Geldkurs.

Broker

Angelsächsische Bezeichnung für Makler. Broker sind Wertpapier-, Waren- und Devisenhändler, die im Kundenauftrag Börsengeschäfte durchführen.

Bruttodividende, Bruttorendite

Dividende beziehungsweise Rendite ohne Berücksichtigung darauf zu entrichtender Steuern.

Bruttogewinnmarge

Unternehmensgewinn während eines bestimmten Zeitraums (zum Beispiel Quartal oder Geschäftsjahr), ausgedrückt in Prozent vom Umsatz, ohne Berücksichtigung von Steuern.

Bruttosozialprodukt

Wert sämtlicher Güter und Dienstleistungen, die in einer Volkswirtschaft innerhalb eines bestimmten Zeitraums hergestellt beziehungsweise erbracht werden.

Buchgewinn

Ein Buchgewinn entsteht, wenn der Verkaufserlös eines Vermögensgegenstandes über dem Buchwert liegt. Im Börsenjargon wird auch ein noch nicht durch Verkauf realisierter Kursgewinn als Buchgewinn bezeichnet.

Buchverlust

Wird ein Vermögensgegenstand zu einem unter dem Buchwert liegenden Preis veräußert, so entsteht ein Buchverlust. In der Börsensprache werden auch noch nicht durch Verkauf realisierte Kursverluste als Buchverluste bezeichnet.

Buchwert

Der in der Bilanz ausgewiesene Wert von Vermögensgegenständen und Verbindlichkeiten eines Unternehmens.

Bulle

Bezeichnung für den »Optimisten« an der Börse, der mit steigenden Kursen rechnet und sich entsprechend engagiert. Wie sein Gegenstück, der → Bär, stammt auch der Bulle ursprünglich aus dem angelsächsischen Sprachraum.

Bullenfalle

Gegenstück zur → Bärenfalle. Ein falsches Kaufsignal lässt den Bullen auf steigende Kurse spekulieren, und er erleidet Verluste.

Bullion

Edelmetallbarren mit einem Feingewicht von mindestens 995.

Bullion Coin

Laufend von staatlichen Stellen geprägte Münzen aus Gold oder anderen Edelmetallen, die weder in erster Linie numismatischen noch Zahlungszwecken dienen. Sinn von Bullion Coins ist es, Edelmetalle in relativ kleiner Stückelung verfügbar zu machen. Der Ausgabepreis von Bullion Coins in der Stückelung einer Feinunze liegt meist nur geringfügig über dem reinen Metallwert. Die bekanntesten Bullion Coins sind Krügerrand (Republik Südafrika), Maple Leaf (Kanada), American Eagle (USA), Philharmoniker (Österreich) und Australian Nugget (Australien).

Bull-Zertifikat

Zertifikat, das an Wert zulegt, wenn der Kurs oder Preis des Basisobjekts sinkt.

Bundesanleihe

Von der Bundesrepublik Deutschland emittierte festverzinsliche Wertpapiere verschiedener Laufzeit. Bundesanleihen sind per Gesetz ohne Prospekt zum Amtlichen Handel zugelassen.

Bundesobligation

Wertpapiere des Bundes mit einer Laufzeit von fünf Jahren. Bundesobligationen können nach der Börsenzulassung von jedermann erworben werden.

Bundeswertpapierverwaltung (BWpV)

Dem Bundesministerium der Finanzen nachgeordnete Bundesbehörde mit Sitz in Bad Homburg. Die Bundeswertpapierverwaltung führt das Bundesschuldenbuch. Für Anleger interessant ist die Möglichkeit, Bundesanleihen und sonstige Schuldverschreibungen des Bundes dort kostenfrei verwahren zu lassen.

Bund Future

Börsentäglich gehandelter Terminkontrakt auf eine fiktive Bundesanleihe, die einen Nominalzins von sechs Prozent und eine Laufzeit von zehn Jahren aufweist.

Buy and Hold

Kaufen und behalten. Bezeichnung für die Vorgehensweise von Investoren mit sehr langer Zeitperspektive. Nicht die schnelle Erzielung von Kursgewinnen durch Verkauf zu einem über dem Einstandskurs liegenden Preis wird angestrebt, sondern eine Vermögenssteigerung durch langfristigen Wertzuwachs der gekauften Papiere. Der Buy-and-Hold-Investor stellt den extremen Gegenpol zum Trader dar.

Buy and Write

Optionsstrategie, bei der man eine Aktienposition oder einen Aktienindex kauft und danach Kaufoptionen auf die Position/den Index verkauft (schreibt).

Buy on Bad News

Kaufe bei schlechten Nachrichten. Alte »Börsenweisheit«, die darauf anspielt, dass nach der Veröffentlichung schlechter Unternehmensmeldungen die Aktienkurse oft deutlich fallen und dem längerfristig orientierten Anleger somit sehr günstige Einstiegschancen bieten.

simplified

C

CAC-40-Index

Meistbeachteter Aktienindex der Pariser Börse, der 40 der wichtigsten französischen Aktien umfasst.

Call, Call Warrant

International übliche Bezeichnung für Kaufoptionen beziehungsweise Kaufoptionsscheine (Call Warrants). Im Gegensatz zum Put verbrieft der Call das Recht zum Kauf des Basisinstruments während der Laufzeit zum vereinbarten Basispreis.

Cap

In den Emissionsbedingungen derivativer Finanzprodukte wie Optionsscheine oder Zertifikate festgelegter Höchstbetrag, bis zu dem der Inhaber des Derivats von einem Kursanstieg oder -rückgang des Basisobjekts profitiert.

Capped Warrant

Optionsschein mit begrenzten Gewinnmöglichkeiten. Der Anleger kann nur bis zu einem bestimmten, in den Optionsbedingungen fixierten Marktpreis (Cap) von steigenden oder fallenden Kursen profitieren. Die maximale Zahlung ist auf die Differenz zwischen Basispreis und Cap begrenzt.

Cash

Die aus dem Amerikanischen übernommene Bezeichnung steht im Alltagsgebrauch für Bargeld, in der Börsensprache für den Bestand an flüssigen, nicht längerfristig angelegten Geldmitteln.

Cashflow

Wichtige Kennzahl zur Bewertung der Finanz- und Ertragskraft eines Unternehmens. Der Cashflow setzt sich zusammen aus dem Jahresüberschuss, den Abschreibungen, den Veränderungen der langfristigen Rückstellungen und den Steuern auf Einkommen und Ertrag.

Cash Settlement

Barausgleich.

CBOT

Abkürzung für Chicago Board Options Exchange.

CBT

Abkürzung für Chicago Board of Trade.

C-DAX

Auch: Composite DAX. Alle in Frankfurt amtlich notierten Aktien umfassender, nach Marktkapitalisierung gewichteter deutscher Aktienindex. Der C-DAX ist in mehrere Branchenindizes unterteilt, die die Kursentwicklung der Aktien aus den jeweiligen Wirtschaftszweigen dokumentieren. Im Einzelnen enthält er Unterindizes der folgenden Branchen: Automobile, Bau, Chemie, Beteiligungen, Elektronik, Brauereien, Hypothekenbanken, Geschäftsbanken, Transport, Maschinenbau, Papier, Energieversorger, Stahl, Textil, Versicherungen und Konsum (Kaufhäuser).

Chart

Grafische Darstellung der Kurs- und Umsatzentwicklung von Wertpapieren, Branchen oder Börsen. Charts sind die Grundlage der technischen Wertpapieranalyse.

Chartanalyse

Häufig als Synonym für die technische Wertpapieranalyse gebraucht. Die Chartanalyse geht davon aus, dass sich aus den in Charts festgehaltenen

Kurs- und Umsatzverläufen der Vergangenheit die künftige Entwicklung eines Wertpapiers prognostizieren lässt.

Chartist

Bezeichnung für einen Wertpapieranalysten, der Charts als Grundlage seiner Prognosen verwendet.

Chicago Board of Trade

Größte Rohstoffbörse der Welt, gegründet 1848. Seit 1982 werden auch Terminkontrakte gehandelt.

Chicago Board Options Exchange

Größte US-Börse für den Handel mit Optionen.

Chooser

Bezeichnung für ein derivatives Finanzprodukt, dessen Performance von der Wertentwicklung zweier unterschiedlicher Wertpapiere abhängt. In der Regel handelt es sich dabei um zwei verschiedene Aktien. Die Rückzahlungsmodalitäten sind in den Emissionsbedingungen festgelegt. Meist erhält der Chooser-Inhaber am Laufzeitende entweder eine bestimmte Stückzahl einer der beiden Aktien oder einen Geldbetrag. Die Höhe dieses Geldbetrags weist eine Obergrenze (Cap) auf. In der Regel hat der Emittent das Recht, sich zwischen einer Rückzahlung in Aktien oder in Geld zu entscheiden.

Churning

Bezeichnung für eine Betrugsmethode am so genannten grauen Kapitalmarkt. Durch häufiges Umschichten der Positionen entstehen so hohe Transaktions- und Verwaltungsgebühren, dass das investierte Kapital stark reduziert, wenn nicht sogar völlig aufgezehrt wird. Letztlich wird der Anleger auf diese Weise um seinen Einsatz betrogen, unabhängig davon, wie sich die gekauften Positionen entwickeln.

Clean Price

Bezeichnung für den Kurs einer Schuldverschreibung ohne Berücksichtigung der seit dem letzten Zinszahlungstermin aufgelaufenen Stückzinsen (Gegensatz: Dirty Price).

Clearingstelle

Organisation an einer Terminbörse, die sich bei Vertragsabschluss zwischen Käufer und Verkäufer einschaltet und beiden Beteiligten die Erfüllung des Geschäfts garantiert. Für Teilnehmer am Terminhandel vermindert sich somit das Risiko der Nichterfüllung wegen Insolvenz des Geschäftspartners. Neben dieser Funktion ist die Clearingstelle auch für die Abrechnung der getätigten Geschäfte zuständig.

Cliquet-Optionsschein

Bei dieser Warrant-Variante wird der Basispreis zu bestimmten, in den Emissionsbedingungen festgelegten Zeitpunkten an die aktuelle Entwicklung des Basisobjekts angepasst. Bereits erzielte Auszahlungsguthaben werden dabei endgültig gutgeschrieben, können dem Anleger also nicht mehr verloren gehen.

Commodities

Sammelbegriff für börsenmäßig gehandelte Waren wie Öl, Kaffee, Getreide, Kakao, Metalle etc.

Commodity Future

→ Warenterminkontrakt.

Commodity Warrant

International übliche Bezeichnung für Warenoptionsscheine, die zum Kauf oder Verkauf einer bestimmten Menge einer Ware (zum Beispiel Gold, Silber oder Öl) berechtigen.

Computerhandel

Vermittlung von Wertpapier-Kauf- und Verkaufsaufträgen durch ein zentrales Computernetz. Während an der Präsenzbörse der Kursmakler dafür zuständig ist, Angebot und Nachfrage abzustimmen, übernimmt diese Aufgabe im Computerhandel ein Zentralrechner. Der Computerhandel gewinnt im Vergleich zur Präsenzbörse immer mehr an Bedeutung. Viele Experten erwarten, dass er den früher ausschließlich üblichen Handel auf dem Börsenparkett über kurz oder lang ganz verdrängen wird.

Contango

An den Terminmärkten die Bezeichnung für eine Situation, in der der → Futures-Preis höher liegt als der → Kassapreis, wobei damit gerechnet wird, dass der Futures-Preis während dessen Laufzeit im Vergleich zum Kassapreis sinken wird.

Contingent-Optionsschein (Pay Later Warrant)

Bei dieser Optionsscheinvariante muss der Kaufpreis nicht bei der Emission, sondern erst am Ende der Laufzeit entrichtet werden. Die Zahlung der – allerdings überdurchschnittlich hohen – Prämie wird zudem nur dann fällig, wenn der Schein am Laufzeitende einen inneren Wert aufweist.

Convertible Bonds

→ Wandelanleihen.

Convertible Arbitrage

Eine der wichtigsten Strategien von Hedge Fonds. Es wird versucht, Fehlbewertungen der bei Wandelanleihen (Converible Bonds) eingebauten Call-Optionen zur Erzielung von Gewinnen auszunutzen. Meist werden dabei die Wandelanleihen erworben und die entsprechenden Aktien leerverkauft.

Corner

Vom englischen Wort für »Ecke« abgeleitete Bezeichnung für eine spezielle Börsenstrategie: Ein bestimmtes Wertpapier oder eine Ware wird von einer

Gruppe von Spekulanten gezielt aufgekauft, um eine massive Verknappung des Angebots zu erzielen. Marktteilnehmern, die in diesen Waren oder Papieren Leerverkäufe vorgenommen haben, wird es so erschwert, die entsprechenden Titel zu erwerben. Die Leerverkäufer werden mit dieser Strategie bildlich gesprochen »in die Ecke gedrängt«: Sie müssen letztlich jeden Preis zahlen, um ihre Vertragspflichten erfüllen zu können. An deutschen Börsen war für Corner früher die Bezeichnung »Ring« üblich.

Coupon

Zins- oder Dividendenabschnitt, Bestandteil des → Bogens. Gegen Einreichung des Coupons erfolgt die Gutschrift der Dividende beziehungsweise des vereinbarten Zinsbetrags.

Courtage

Maklergebühr. Der in Prozent vom Kurswert festgelegte Betrag, den der Makler dem Kunden für die Vermittlung von Börsengeschäften in Rechnung stellt.

Covered Warrant

Im Gegensatz zu den klassischen Optionsscheinen aus bedingter Kapitalerhöhung in Verbindung mit einer Options- oder Wandelanleihe verbriefen Covered Warrants in der Regel nicht das Recht zum Bezug von Aktien der emittierenden AG. Der Emittent der Covered Warrants besitzt entweder selbst größere Bestände der Aktien, auf die er Warrants ausgibt, oder er hat sie bei Dritten hinterlegt. Covered Warrants erlangten auf dem Markt für Aktienoptionsscheine in den vergangenen Jahren immer größere Bedeutung, weil zumindest in Deutschland die Zahl der klassischen Aktien-Warrants immer kleiner wurde.

Crash

Massiver Kurseinbruch von Wertpapieren auf breiter Front. Neben dem Crash von 1929 (Schwarzer Freitag) ist vor allem der Einbruch vom Oktober 1987 noch in Erinnerung, der jedoch weit weniger schwer wiegende Folgen hatte.

Cross Rate

Überkreuzkurs. Wechselkurs zweier ausländischer Währungen zueinander.

Cum

Vom lateinischen Wort für »mit« abgeleitete Bezeichnung für Wertpapiere mit beigefügten Zins-, Dividenden- oder Optionsscheinen. Bei Optionsanleihen unterscheidet man zum Beispiel zwischen Papieren »cum Warrant«, also mit Optionsschein(en), und »ex Warrant«, bei denen die Scheine bereits abgetrennt wurden und separat von der Anleihe als eigenständige Wertpapiere gehandelt werden.

Currency Warrant

International gebräuchliche Bezeichnung für Devisen-Optionsscheine.

Custodian

Treuhänder, der Wertpapiere und andere Vermögensgegenstände im Auftrag und im Namen anderer Personen verwahrt.

CW

Oft gebrauchte Abkürzung für → Covered Warrant.

D

Dachfonds

Investmentsfonds, der seine Mittel in Anteile andere Fonds (Unter- oder Zielfonds) anlegt. Dachfonds sind in Deutschland erst seit April 1998 (3. Finanzmarktfördergesetz) wieder erlaubt, nachdem man vor allem in den 1970er-Jahren schlechte Erfahrungen damit gemacht hatte. Dachfonds unterliegen, was ihre Konstruktion betrifft, zahlreichen gesetzlichen Vorschriften und Einschränkungen.

Dart Warrant

Optionsschein, der mit mehreren Kursspannen (Ranges) ausgestattet ist. Für jeden Tag, an dem der Kurs des Basisobjekts innerhalb einer dieser Spannen verharrt, kommt es zu einer festgelegten Auszahlung.

Datumsbezogene Gültigkeit

Bezeichnung für Wertpapieraufträge, die bis zu einem bestimmten Datum gelten. Dieses Datum kann ein beliebiger Börsenhandelstag des betreffenden Jahres sein.

DAX (Deutscher Aktien-Index)

Eigentlich: DAX-30. Fortlaufend berechneter Index, in dem 30 bedeutende, nach der Marktkapitalisierung gewichtete deutsche Aktien repräsentiert sind. Eine Erweiterung des DAX auf mehr als 30 Werte wird seit einiger Zeit diskutiert.

DAX Composite

C-DAX.

DAX-Werte

Gängige Bezeichnung für die 30 im Deutschen Aktien-Index (DAX-30) repräsentierten Unternehmen beziehungsweise deren Aktien. Die derzeitigen (Stand: Ende 2005) DAX-Werte in alphabetischer Reihenfolge: Adidas-Salomon, Allianz, Altana, BASF, Bayer, BMW, Commerzbank, Continental, DaimlerChrysler, Deutsche Bank, Deutsche Börse, Deutsche Post, Deutsche Telekom, E.ON, Fresenius Medical Care, Henkel (Vorzugsaktie), Hypo Real Estate, Infineon, Linde, Lufthansa, MAN, Metro, Münchener Rück, RWE, SAP, Schering, Siemens, Thyssen-Krupp, TUI, Volkswagen.

Deep-Discount-Zertifikat

Discount-Zertifikat, dessen Basispreis zum Zeitpunkt der Emission besonders weit unter dem Kurs des Basisobjekts liegt.

Deflation

Starke Verringerung des Geldvolumens in einer Volkswirtschaft, verbunden mit nachlassender Güternachfrage. Wenn das gesamtwirtschaftliche Angebot die Nachfrage übersteigt, kommt es zu fallenden Preisen und demzufolge zu nachlassender Investitionsbereitschaft der Unternehmen. Die Folge sind Rezession, sinkende Einkommen und Unternehmensgewinne sowie Arbeitslosigkeit.

Delisting

Dauerhafte Einstellung der Börsennotiz eines Unternehmens beziehungsweise einer Aktie. Das Delisting kann freiwillig auf Antrag des Unternehmens im Rahmen eines Going Private erfolgen oder auch zwangsweise, weil das Unternehmen die Zulassungsvoraussetzungen einer bestimmten Börse oder eines Marktsegments nicht mehr erfüllt.

Delta

Im Rahmen der Optionspreistheorie die Kennzahl für die Sensitivität eines Optionsscheins gegenüber Kursschwankungen des Basisobjekts. Das Delta gibt die (theoretische) Veränderung des Optionsscheinkurses für den Fall an, dass sich der Kurswert des zugrunde liegenden Basisinstruments um eine Rechnungseinheit (zum Beispiel um einen Euro) nach oben oder unten bewegt.

Depot

Bezeichnung für die Gesamtheit der für einen bestimmten Anleger bei einer Bank hinterlegten Wertgegenstände, hier insbesondere Wertpapiere.

Depotaufteilung, -strukturierung

Zusammenstellung eines Wertpapierdepots nach bestimmten Kriterien. Abhängig von den persönlichen Anlagezielen des Depotinhabers. Renditeorientierte Anleger sollten festverzinsliche Wertpapiere und Standardaktien mit hoher Dividendenrendite übergewichten. Spekulative, nach hohen Kursgewinnen strebende Anleger sollten dagegen Aktien kleinerer, aufstrebender Unternehmen ins Depot aufnehmen.

Depotauszug

Von der depotführenden Bank erstelltes Verzeichnis aller im Depot eines Kunden geführten Wertpapiere mit Stückzahl, Kurswert und Gesamtwert.

Depotgebühren

Gebühren, die die Bank ihren Depotkunden für die Verwahrung und Verwaltung von Wertpapieren in Rechnung stellt. Maßgebend sind dabei die Anzahl der Einzelposten, Nennwert oder Kurswert der Wertpapiere. Da die Gepflogenheiten der einzelnen Banken unterschiedlich sind, sollte der Anleger die Gebühren mehrerer Häuser vergleichen, bevor er sich zur Einrichtung eines Wertpapierdepots bei einer bestimmten Bank entschließt.

Derivate, derivative Finanzinstrumente

Sammelbegriff für Finanzinstrumente, die von anderen Anlageobjekten »abgeleitet« sind und deren Kurse von der Preisentwicklung dieser Objekte (Basisinstrumente) in hohem Maß abhängig sind. So hängt zum Beispiel die Kursentwicklung von Optionsscheinen weitgehend davon ab, ob sich das zugrunde liegende Basisinstrument, zum Beispiel eine Aktie, ein Basket, ein Index oder eine Währung, in die gewünschte Richtung entwickelt. Aufgrund der Hebelwirkung vollziehen manche Derivate Kursbewegungen des Basisinstruments überproportional nach. Derivate können daher sowohl zur Absicherung gegen Wertverluste des Basisinstruments eingesetzt werden – so lassen sich zum Beispiel große Anleihenpositionen mit Zins-Verkaufsoptionsscheinen absichern – als auch zur Spekulation auf hohe Kursgewinne. Mit modernen Optionsschein- und Zertifikatkonstruktionen lässt sich zudem eine auf jede Markterwartung und persönliche Präferenz exakt zugeschnittene Anlagestrategie verwirklichen.

Deutscher Rentenindex

→ REX.

Deutsches Zertifikat

→ DTZ.

Deutsche Zinsrechnungsmethode

Verfahren zur Berechnung der Stückzinsen von Schuldverschreibungen. Dabei werden pro Monat 30 und pro Jahr 360 Zinstage angesetzt. Die deutsche Zinsrechnungsmethode wird zunehmend von der → Eurozinsmethode abgelöst.

Devisen

Zahlungsansprüche in Fremdwährungen im Ausland. Bei ausländischen Banken gehaltene Guthaben oder im Ausland zahlbare Wechsel und Schecks.

Devisenoptionsschein

Bezeichnung für einen Optionsschein, dessen Basisinstrument ein bestimmter Betrag einer Fremdwährung ist. Die weitaus meisten der an deutschen Börsen gehandelten Devisenoptionsscheine lauten auf US-Dollar, auch der Schweizer Franken, das Pfund Sterling und der Kanadische Dollar sind verbreitete Basisinstrumente am Markt für Devisenoptionsscheine. Diese Optionsscheine erlauben auch die Spekulation auf die Entwicklung zweier Fremdwährungen zueinander (zum Beispiel US-Dollar/Yen), wobei Kaufoptionsscheine (Call Warrants) ebenso weit verbreitet sind wie Verkaufsoptionsscheine (Put Warrants).

Digitale Option

→ Option, digitale.

Digitaler Optionsschein

Ein mit einer Kursbarriere (Ober- und Untergrenze beziehungsweise Bandbreite) ausgestatteter Optionsschein. In den Optionsbedingungen ist festgelegt, dass der Inhaber nur dann eine Auszahlung erhält, wenn der Kurs des Basisobjekts während der Laufzeit (amerikanische Option) oder an deren Ende (europäische Option) diese Barriere über- beziehungsweise unterschreitet. Die Bezeichnung »digital« kommt daher, dass es nur zwei mögliche Auszahlungsvarianten gibt: Entweder es kommt zur Auszahlung des festgelegten Betrags, oder der Schein verfällt wertlos.

Dirty Price

Bezeichnung für den Kurs einer Schuldverschreibung inklusive der seit dem letzten Zinszahlungstermin aufgelaufenen Stückzinsen (Gegensatz: → Clean Price).

Disagio

→ Abgeld.

Discount-Broker

Seit 1994 in Deutschland neu etablierte Finanzdienstleister. Sie bieten die Abwicklung von Wertpapieraufträgen zu Gebühren an, die in der Regel deutlich unter den banküblichen Sätzen liegen. Der Kunde erhält allerdings meist keinerlei Anlageberatung. Die Discount-Broker wenden sich daher in erster Linie an ein wohlinformiertes Anlegerpublikum, das ohne Beratung auskommt und Gebühren sparen will.

Discount-Zertifikat

Discount-Zertifikate ermöglichen den Kauf eines Basiswerts (zum Beispiel einer Aktie oder eines Index) zu einem Preis, der unter dessen aktuellem Börsenwert liegt. Dieser Preisabschlag oder Discount ist allerdings nicht gratis zu haben. Der Anleger profitiert von Kurssteigerungen des Basiswerts nur bis zu einer festgelegten Obergrenze (Cap). Liegt der Kurs des Basiswerts am Ende der Laufzeit auf dem Niveau dieser Obergrenze oder darunter, erfolgt die Auszahlung entsprechend dem in den Emissionsbedingungen festgelegten Bezugsverhältnis. Liegt er darüber, so wird ein Betrag ausgezahlt, der dem Cap entspricht. Der Discount wird dadurch ermöglicht, dass der Emittent Kaufoptionen (Calls) zu einem Basispreis verkauft, der dem Cap entspricht. Daher profitiert ausschließlich der Käufer der Calls von Kurssteigerungen, die über den Cap hinausgehen. Der Erlös aus dem Call-Verkauf mindert den Kaufpreis des Basiswerts. Im Prinzip ist diese Strategie an den Optionsmärkten seit langem bekannt und wird dort seit jeher gepflegt. Das Neue an den in den vergangenen Jahren in Anlegerkreisen überaus beliebten und erfolgreichen Discount-Zertifikaten ist allerdings, dass man nicht am Optionsmarkt aktiv werden muss, um sich den Discount zu sichern, sondern das Zertifikat als fertiges Produkt wie eine Aktie kaufen und verkaufen kann. Die meisten Discount-Zertifikate sind mit einer begrenzten Laufzeit ausgestattet, doch gibt es Ausnahmen (Rolling-Discount-Zertifikat).

Diskontsatz

Der vom Zentralbankrat festgelegte Zinssatz, der den Geschäftsbanken beim Ankauf von Wechseln berechnet wird. Er dient als Grundlage für den Zinssatz, den die Banken wiederum ihren Kunden beim Ankauf von Wechseln berechnen. Dem Diskontsatz kommt große Bedeutung innerhalb der Zinspolitik der Zentralbank zu. Neben dem Lombardsatz zählt er zu den so genannten Leitzinsen.

Divergenz

Bezeichnung für eine Situation, in der sich zwei Indikatoren der technischen Analyse nicht gegenseitig bestätigen beziehungsweise widersprüchliche Aussagen liefern. Dies ist zum Beispiel dann der Fall, wenn ein Oszillator zu steigen beginnt, während die betreffenden Kurse fallen. Divergenzen gelten in der technischen Analyse als Anzeichen eines bevorstehenden Trendwechsels.

Diversifikation, Diversifizierung

Streuung des Anlagekapitals auf verschiedene Investments zum Zweck der Risikokontrolle. Sinn der Diversifikation ist die Verlustbegrenzung: Je kleiner der Depotanteil eines Einzelinvestments, desto geringere Auswirkungen hat ein hoher Wertverlust dieses Investments auf das Gesamtvermögen des Anlegers.

Dividende

Auf eine Aktie entfallender Anteil an der Gewinnausschüttung einer AG. Die Höhe der Dividende wird von der Hauptversammlung nach Vorschlag von Vorstand und Aufsichtsrat beschlossen. Die Dividende ist von der allgemeinen Geschäftslage der AG abhängig und daher Schwankungen unterworfen. Deutsche Unternehmen schütten einmal jährlich aus, doch im Ausland ist dies nicht überall üblich. So gibt es bei US-Unternehmen in der Regel viermal jährlich Quartalsdividenden.

Dividendenabschlag

Am Tag der Dividendenausschüttung ermäßigt sich der Kurswert der betreffenden Aktie rein rechnerisch (ohne Berücksichtigung anderer Einflüsse auf die Kursfeststellung) um die Höhe der Bruttorendite. Auf dem Kurszettel wird dies mit dem Zusatz »ex Dividende« festgehalten.

Dividendenkontinuität

Ausschüttungspolitik von Unternehmen, bei der die Aktionäre eine von den Ertragsschwankungen der AG weitgehend unabhängige, über Jahre konstante Dividende erhalten.

Dividendenrendite

→ Rendite.

Dogs of the Dow

Scherzhafte Bezeichnung für die »vernachlässigten« Aktien, die für die Dow-Dividend-Strategie ausgewählt werden.

Doppelaktienanleihe

Aktienanleihe, deren Rückzahlungsmodalitäten nicht von der Kursentwicklung einer einzigen Aktie, sondern von deren zwei abhängen. Die Rückzahlung erfolgt zum Nennwert, wenn beide oberhalb ihrer Basispreise bleiben. Falls nicht, wird die schlechtere der beiden geliefert.

Doppelboden (Doppeltief, Double Bottom)

Kursformation mit zwei ausgeprägten Tiefs, die in etwa auf dem gleichen Niveau liegen. In der technischen Analyse gilt diese Formation als Anzeichen für ein Ende eines Abwärtstrends, weil das Niveau, auf dem die beiden Kurstiefs liegen, offensichtlich eine starke Unterstützung darstellt.

Doppelminus

→ Minusankündigung.

Doppelplus

→ Plusankündigung.

Doppel-Top (Double Top)

Kursformation mit zwei ausgeprägten Spitzen, die in etwa auf dem gleichen Niveau liegen. In der technischen Analyse gilt das Doppel-Top als Anzeichen für ein Ende eines Aufwärtstrends, weil das Niveau, auf dem die beiden Kursspitzen liegen, offensichtlich einen starken Widerstand darstellt.

Doppelwährungsanleihe

Festverzinsliches Wertpapier, bei dem die Mittelaufbringung und die Rückzahlung (Tilgung) in zwei verschiedenen Währungen erfolgen. Die maßgebliche Währung für die Zinszahlungen ist in den Emissionsbedingungen festgelegt.

Double-Lock-out Warrant

Optionsschein, der mit einer fixen Kursspanne ausgestattet ist, innerhalb derer das Basisobjekt während der Laufzeit des Scheins verbleiben muss. Geschieht dies, dann kommt ein zuvor festgesetzter Geldbetrag zur Auszahlung. Sobald der Kurs des Basisobjekts die Kursspanne verlässt, verfällt der Schein wertlos.

Dow-Dividend-Strategie

Vor allem in den USA verbreitete Anlagestrategie. Sie sieht vor, dass jeweils zum Jahresbeginn die zehn (Top-10-Variante) oder fünf (Low-5-Variante) Aktien aus dem Dow Jones Industrial Average gekauft werden, die die höchste Dividendenrendite aufweisen. Mit dieser Strategie wurde viele Jahre lang eine weit überdurchschnittliche Rendite erzielt. Beliebt ist sie auch deshalb, weil der Anleger nur einmal im Jahr disponieren muss. Selbstverständlich lässt sich diese Vorgehensweise auch auf andere repräsentative Aktienindizes wie den DAX-30 anwenden.

Dow Jones Industrial Average

Weltweit meistbeachteter Aktienindex. Der Dow errechnet sich durch Addition der Kurse von 30 der bedeutendsten US-Industrieunternehmen und anschließende Multiplikation mit einem Faktor, der bei jedem Split eines dieser Unternehmen nach unten adjustiert wird. Im Gegensatz zu den meisten anderen Aktienindizes sind die einzelnen Aktien im Dow Jones Industrial Average nicht nach Marktkapitalisierung gewichtet. Als reiner Preis- oder Kursindex berücksichtigt der Dow Jones Industrial Average zudem nicht die Dividendenausschüttungen der in ihm repräsentierten Aktien. Weitere Besonderheiten liegen darin, dass es für die Aufnahme in den »Dow« keine quantitativen Kriterien wie Marktkapitalisierung oder Börsenumsätze gibt und dass er, ganz im Gegensatz zu den meisten anderen Indizes, auch nicht regelmäßig revidiert wird. Für seine Zusammensetzung ist ein Komitee aus der Redaktion des »Wall Street Journal« zuständig, das an keine Weisungen gebunden ist.

Dow-Jones-Werte

Gängige Bezeichnung für die 30 im Dow Jones Industrial Average repräsentierten Industriewerte. In alphabetischer Reihenfolge (Stand: Ende 2005): 3M, Alcoa, Altria Group, American Express, American International Group, Boeing, Caterpillar, Citigroup, Coca-Cola, DuPont, Exxon Mobil, General Electric, General Motors, Hewlett-Packard, Home Depot, Honeywell, IBM, Intel, Johnson & Johnson, JPMorgan, McDonald's, Merck, Microsoft, Pfizer, Procter & Gamble, SBC Communications, United Technologies, Verizon Communications, Wal-Mart Stores, Walt Disney.

Dow Jones Transportation Index

Aktien von 20 US-amerikanischen Transportunternehmen umfassender Branchenindex.

Dow Jones Utilities Index

Aktien von 15 US-amerikanischen Energieversorgungsunternehmen umfassender Branchenindex. Dem Dow Jones Utilities Index wird eine gewisse Vorreiterrolle gegenüber dem Dow Jones Industrial Average und somit dem Gesamtmarkt zugesprochen. Eine freundliche Tendenz bei den Versorgungswerten gilt daher als Vorbote eines allgemeinen Aufwärtstrends am US-Aktienmarkt.

Down-and-Out-Call

Dieser Warrant verfällt schon vor dem Laufzeitende, wenn der Kurs des Basisobjekts ein bestimmtes Niveau unterschreitet. Er ist also mit einer Knock-out-Schwelle ausgestattet und zählt zur Gruppe der → Barrier Warrants.

Dow-Theorie

Von Charles Dow, dem »Erfinder« der Dow-Jones-Indizes konzipierte Theorie, die als eine der ältesten im Bereich der technischen Analyse gilt: Wenn der Dow Jones Industrial Average und der Dow Jones Transportation Index beide über einem vorhergegangenen Höchstkurs schließen, gilt dies als Kaufsignal. Schließen dagegen beide gleichzeitig unterhalb eines früheren Tiefs, ist ein Verkaufssignal gegeben. Die dahinter stehende Idee lautet, dass die Hersteller industrieller Güter und Unternehmen, die diese Güter transportieren, in einem Verhältnis wechselseitiger Abhängigkeit stehen. Geht es der Industrie gut, wird auch die Transportbranche davon profitieren, und umgekehrt.

Dreieck

Fortsetzungsformation aus der technischen Analyse. Der Kurs bewegt sich zwischen zwei konvergierenden Trendlinien, wobei die Spanne zwischen Hochs und Tiefs immer enger wird, ehe der Kurs schließlich aus der Formation ausbricht. Je nach Neigung der oberen und der unteren Trendlinie unterscheidet man zwischen ansteigenden, absteigenden und symmetrischen Dreiecksformationen. Beim ansteigenden Dreieck verläuft die obere Trendlinie horizontal, während die untere nach oben weist. Diese Formation gilt als Anzeichen steigender Kurse, wenn der Ausbruch nach oben gelingt. Beim absteigenden Dreieck, das als bearishe Formation gewertet wird, fällt die obere Linie ab, die untere verläuft horizontal. Beim symmetrischen Dreieck weisen beide Trendlinien einen ähnlichen Neigungswinkel auf. Die Richtung des Ausbruchs aus der Formation signalisiert den künftigen Kurstrend.

Dreifach-Boden (Dreifach-Tief, Triple Bottom)

Kursformation mit drei ausgeprägten Tiefs, die auf in etwa dem gleichen Niveau liegen. Ähnlich wie der Doppelboden gilt auch diese Formation als Anzeichen einer Trendwende nach oben, weil der Kurs offensichtlich im Bereich des schon dreimal »getesteten« Tiefs eine stabile Unterstützung gefunden hat.

Dreifach-Top (Dreifach-Spitze, Triple Top)

Kursformation mit drei ausgeprägten Hochs, die – im Gegensatz etwa zur Schulter-Kopf-Schulter-Formation – alle auf in etwa dem gleichen Niveau liegen. Ähnlich wie das Doppel-Top gilt auch das Dreifach-Top als Signal für das Ende eines Aufwärtstrends, weil der Kurs offensichtlich an einem starken Widerstand angekommen und schon drei Mal daran gescheitert ist.

DTZ

Abkürzung für Deutsches Zertifikat. Analog zum → ADR handelt es sich hierbei um von deutschen Banken ausgegebene Hinterlegungsscheine, die eine oder mehrere ausländische Aktien verbriefen.

Dual Currency Bond

→ Doppelwährungsanleihe.

Duration

Bezeichnung für die durchschnittliche Kapitalbindungsdauer in einem festverzinslichen Wertpapier von der Anlage bis zur Rückzahlung. Bei Anleihen mit hohem Nominalzins fließt das investierte Kapital bereits weit vor Ende der Laufzeit in Form von Zinsen wieder dem Anleger zu. Die Duration ist ein wichtiger Faktor bei der Kursreaktion festverzinslicher Wertpapiere auf Veränderungen des allgemeinen Zinsniveaus am Kapitalmarkt. Je kürzer die Duration, desto »unempfindlicher« reagiert eine Anleihe auf Zinsturbulenzen, da das Kapital für Anlagen zum Marktzins relativ früh wieder zur Verfügung steht. Die längste Duration weisen Zero-Bonds auf, und daher reagieren sie auch am heftigsten auf Veränderungen des allgemeinen Zinsniveaus.

DVFA

Deutsche Vereinigung für Finanzanalyse und Anlageberatung. 1960 gegründeter Verband, dem meist bei Banken und Kapitalanlagegesellschaften beschäftigte Analysten und Anlageberater angehören. Ziele der DVFA sind die stetige Verbesserung der Finanz- und Wertpapieranalyse, die Förderung des Verständnisses der Öffentlichkeit für die Bedeutung der Effektenanalyse und die Zusammenarbeit mit Institutionen gleicher Zielsetzung im Ausland.

DVFA-Ergebnis

Von der Kommission für Methodik der Finanzanalyse der Deutschen Vereinigung für Finanzanalyse und Anlageberatung entworfenes Schema zur Berechnung des Jahresüberschusses beziehungsweise -fehlbetrags von Unternehmen. Das nach einer vereinheitlichten Formel errechnete DVFA-Ergebnis soll vor allem die vergleichende Kursbeurteilung verschiedener Unternehmen anhand des KGV erleichtern.

E

E.A.R.N.-Dual-Range-Optionsschein

Bei dieser Optionsscheinvariante ist eine Kursspanne festgelegt, die das Basisobjekt während der Laufzeit möglichst nicht verlassen sollte. Für jeden Tag, an dem sich der Kurs des Basisobjekts innerhalb der Spanne befindet, wird dem Optionsschein-Inhaber ein bestimmter Geldbetrag gutgeschrieben; für jeden Tag, an dem dies nicht der Fall ist, wird ein Betrag abgezogen. Zudem wird die Anzahl der negativen von der Anzahl der positiven Tage subtrahiert. Aus beiden Faktoren wird ein Gesamtbetrag errechnet, der am Laufzeitende zur Auszahlung kommt.

Earnings per Share (EPS)

International übliche Bezeichnung für den Gewinn je Aktie.

EBIT

Earnings Before Interest and Taxes. Maßzahl für den Unternehmensgewinn ohne Berücksichtigung von Zinsen und Steuern. In jüngster Zeit bei Analysten recht beliebtes Bewertungskriterium, das über die wahre Unternehmenssituation jedoch nur begrenzt Aufschluss gibt, weil insbesondere die Zinsbelastungen bei Unternehmen mit hohen Verbindlichkeiten den Gewinn stark drücken oder unter dem Strich sogar in einen Verlust verwandeln können. Zum Vergleich verschiedener Unternehmen eignet sich das EBIT daher kaum bis überhaupt nicht.

EBITDA

Earnings Before Interest, Taxes, Depreciation and Appreciation. Maßzahl für den Unternehmensgewinn ohne Berücksichtigung von Zinsen, Steuern, Zuschreibungen und Abschreibungen. Zur Problematik siehe → EBIT.

Effekten

Sammelbezeichnung für am Kapitalmarkt handelbare (börsenfähige) Wertpapiere. Börsenfähig sind nur vertretbare Wertpapiere. Das Kriterium der Vertretbarkeit trifft auf alle Sachen zu, die nach Zahl, Maß oder Gewicht bestimmt zu werden pflegen. Bei Wertpapieren heißt dies, dass sie nach allgemeinen Merkmalen wie Gattung, Stückzahl oder Nennwert bestimmt sein müssen, um börsenfähig zu sein: Wertpapiere desselben Emittenten mit demselben Nennwert und derselben Ausstattung bezüglich Nominalzins, Dividendenberechtigung u. a. müssen einander »vertreten« können, also gleichwertig und somit austauschbar sein, um zum Börsenhandel zugelassen zu werden. Effekten sind daher zum Beispiel Aktien, Anleihen, Pfandbriefe und Investmentfondanteile. Keine Effekten sind Banknoten, Wechsel oder Schecks.

Effizienter Markt

Die Theorie des effizienten Marktes besagt – das Börsengeschehen betreffend –, dass sich Börsenkurse entsprechend den realen ökonomischen Bedingungen entwickeln. Kursrelevante neue Informationen gehen sofort in die Kursbildung ein. Es gibt, bezogen auf die Börse, mehr oder wenige strenge Fassungen der Theorie des effizienten Marktes. Die strengste geht davon aus, dass selbst Insiderinformationen bereits in der Kursentwicklung eskomptiert sind. Weder durch diese noch mit Hilfe der Chartanalyse ließen sich folglich auf Dauer Gewinne erzielen. → Random-Walk-Hypothese.

Effizientes Portefeuille

Nach den Grundsätzen des ökonomischen Prinzips zusammengestelltes Wertpapierportefeuille. Ziel ist es, eine gegebene Rendite mit minimalem Risiko oder bei gegebenem Risiko eine maximale Rendite zu erwirtschaften.

Eigenkapital

Im weitesten Sinn des Wortes umfasst das Eigenkapital alle Mittel, die den Gläubigern eines Unternehmens haften. Meist ist jedoch das so genannte bilanzielle Eigenkapital gemeint, das sich nach der Formel berechnet: Vermögen – Schulden + Einlagen + einbehaltene Gewinne – Entnahmen

– eingetretene Verluste. Neben der Haftungs- und Garantiefunktion für den Gläubiger dient das Eigenkapital vor allem der Finanzierung von Vermögensgegenständen und Produktion. Die Eigenkapitalausstattung eines Unternehmens ist ein wichtiges Kriterium für seine Finanzkraft und seine Fähigkeit, schwierige Zeiten einigermaßen unbeschadet zu überstehen. Im Rahmen der Fundamentalanalyse spielt sie daher eine wichtige Rolle.

Ein-Tages-Umkehr (Key Reversal Day, Schlüsselumkehr)

Ein-Tages-Kursformation, die im Rahmen der technischen Analyse als Zeichen für eine Trendumkehr interpretiert wird. In einem Aufwärtstrend kommt es zu einem Eröffnungskurs auf einem neuen Hoch, und der Tagesschlusskurs liegt unter dem Tief des Vortags. Entsprechend umgekehrt sieht es in einem Abwärtstrend aus: Der Kurs eröffnet auf einem neuen Tief und schließt über dem Hoch des Vortags.

Einstellung der Börsennotierung

→ Delisting.

Einzeldepot

Depot, über das nur eine einzelne Person verfügungsberechtigt ist.

Elliott-Wellen-Theorie

Erklärungsmodell zur Entwicklung und Bewegung von Märkten, das insbesondere den auf die Marktteilnehmer und somit auf die Kursentwicklung einwirkenden psychologischen Einfluss berücksichtigt. Im idealen Modell besteht eine Aufwärtsbewegung aus drei Antriebswellen (Up-Trends) und zwei Reaktionswellen (Down-Trends), die die heftige Aufwärtsbewegung der Up-Trends wieder etwas zurücknehmen. Analoges gilt für längerfristige Abwärtsbewegungen. Durch die Up- und Down-Trends entsteht ein Trendkanal, mit dessen Hilfe künftige Kursentwicklungen prognostiziert werden.

Emerging Markets

Sammelbezeichnung für die Wertpapiermärkte der jungen, aufstrebenden Volkswirtschaften Osteuropas, Lateinamerikas, Asiens und Afrikas, die sich durch starkes Wirtschaftswachstum auszeichnen.

Emission

Ausgabe neuer Wertpapiere (Aktien, Anleihen, Genussscheine etc.) Sie dient dem Emittenten zur Beschaffung von Kapital und erfolgt meist durch öffentliche Ausschreibung. Auch die Gesamtheit der zu einer Emission gehörenden Wertpapiere (Emissionsvolumen) wird oft kurz als Emission bezeichnet.

Emissionskonsortium

Als Gesellschaft des Bürgerlichen Rechts organisierte Vereinigung von Banken zum Zweck der gemeinsamen Durchführung einer Emission.

Emissionsrendite

Rendite festverzinslicher Wertpapiere zum Zeitpunkt ihrer Ausgabe.

Emissionsvolumen

Gesamtheit der zu einer einzelnen Emission gehörenden Wertpapiere.

Emittent

Juristische Person des Privatrechts (zum Beispiel Aktiengesellschaft) oder Körperschaft des öffentlichen Rechts (zum Beispiel ein Bundesland), die neue Wertpapiere ausgibt.

Endlos-Zertifikat

Zertifikat ohne festgelegtes Fälligkeitsdatum, das eine theoretisch unbegrenzte Laufzeit aufweist.

Equity Linked Notes

International gebräuchliche Bezeichnung für Aktienanleihen (Synonym: → Reverse Convertibles)

Equity Market Neutral

Eine der wichtigsten Strategien von Hedge Fonds. Aktienmarktneutrale, auch statistische Arbitrage genannte Vorgehensweise. Es werden Long- und Short-Positionen gebildet. Als unterbewertet betrachtete Titel werden gekauft, überbewertete leerverkauft. Da die Nominalwerte beider Positionen in etwa gleich sind, kann ein Portfolio konstruiert werden, das von der Entwicklung des Aktienmarktes in seiner Gesamtheit unabhängig ist. Das so genannte systematische Risiko wird somit eliminiert.

Erfüllung

Im Optionshandel Bezeichnung für Lieferung und Bezahlung des Basisinstruments oder für den Barausgleich.

Erfüllungsfrist

Vorgeschriebener Zeitraum für die Erfüllung im Optionshandel.

Erfüllungsrisiko

Bezeichnung des Risikos für Teilnehmer am Terminhandel, dass der Vertragspartner seine aus dem Terminkontrakt erwachsende Verpflichtung nicht erfüllen kann. Das Erfüllungsrisiko ist an modernen Terminbörsen durch die Schaffung einer Clearingstelle eliminiert.

Erneuerungsschein

→ Talon.

Eröffnungskurs (I)

Erster Kurs eines Wertpapiers am betreffenden Börsentag.

Eröffnungskurs (II)

Orderzusatz. Der Auftrag liegt nur zur Ausführung zum Eröffnungskurs vor. Ist diese Art der Abwicklung nicht möglich, so erlischt er.

Erschöpfungslücke (Exhaustion Gap)

In der technischen Analyse Bezeichnung für eine Kurslücke (Gap), die am Ende eines starken Trends auftaucht und somit dessen Ende signalisiert.

Ersterwerb

Erwerb neu emittierter Wertpapiere direkt vom Emittenten.

Eskomptiert

Vorweggenommen. Bereits seit längerem erwartete gute oder schlechte Nachrichten, die die Kursentwicklung eines Wertpapiers beeinflussen könnten, haben schließlich doch keine Auswirkungen, da sie durch die Erwartungshaltung der Marktteilnehmer bereits im Kurs eskomptiert sind. Die Kursentwicklung wird durch das erwartete Ereignis also schon vor dessen tatsächlichem Eintreten beeinflusst.

ETFs

→ Exchange Traded Funds.

EURIBOR (European Interbank Offered Rate)

Im Bereich der Europäischen Währungsunion geltender Geldmarktsatz für eine Woche sowie für Ein- bis Zwölfmonatsgelder. Der EURIBOR gilt als Referenzzinssatz bei vielen variabel verzinslichen Anleihen (Floatern).

Euronext

Internationaler europäischer Börsenverbund, der im September 2000 zunächst durch die Fusion der Börsen Amsterdam, Paris und Brüssel entstand und später um die Börse Lissabon sowie die Londoner LIFFE (London International Financial Futures and Options Exchange) erweitert wurde.

Europäischer digitaler Optionsschein (Binär-Optionsschein, Simplex-Optionsschein)

Mit europäischem Optionsrecht ausgestatteter digitaler Optionsschein. Der Inhaber erhält einen festgelegten Geldbetrag, wenn das Basisobjekt am Laufzeitende eine bestimmte Kursschwelle erreicht. Wird die Schwelle nicht erreicht, verfällt der Warrant wertlos. → Hit-Optionsschein.

Europäisches Optionsrecht

Im Gegensatz zum amerikanischen Optionsrecht sieht das europäische die Ausübung einer Option oder eines Optionsscheins nur zu einem bestimmten Zeitpunkt vor, der in der Regel am Ende der Laufzeit liegt. Dieser Nachteil fällt bei der Wertberechnung des Optionsrechts ins Gewicht. Ein Anleger am Optionsscheinmarkt sollte sich also vergewissern, ob die in Frage kommenden Scheine mit europäischem oder – wie die weitaus meisten der in Deutschland gehandelten Scheine – mit amerikanischem Optionsrecht ausgestattet sind.

Euro-Staatsanleihen

Bezeichnung für von den Ländern der Euro-Zone emittierte staatliche Schuldverschreibungen.

Euro Stoxx Indizes

Von der Deutschen, der Pariser und der Schweizer Börse in Zusammenarbeit mit dem US-Unternehmen Dow Jones konzipierte, internationale Aktienindizes. Der meistbeachtete ist der Euro Stoxx 50, in dem 50 Top-Unternehmen aus den Teilnehmerländern der Europäischen Währungsunion vertreten sind. Daneben gibt es einen Index mit 50 Werten aus ganz Europa, also inklusive Schweiz und Großbritannien (Stoxx 50), und zwei breiter gefasste Indizes, die 326 beziehungsweise 666 Werte beinhalten.

Eurozinsmethode

Verfahren zur Berechnung der Stückzinsen von Schuldverschreibungen. Im Gegensatz zur Deutschen Zinsrechnungsmethode werden hier die Zinstage je Monat exakt erfasst. So hat zum Beispiel der Januar 31, der Februar (außer in Schaltjahren) nur 28 Zinstage.

EUWAX

Bedeutendstes und umsatzstärkstes Börsenhandelssegment für verbriefte Derivate. Es wurde 1999 an der Stuttgarter Börse eingerichtet und hat rasch an Bedeutung gewonnen. An der EUWAX werden zahlreiche Optionsscheine, Zertifikate und andere derivative Finanzprodukte gehandelt.

Event Driven

Eine der wichtigsten Strategie von Hedge Fonds. Es wird in Unternehmen investiert, die in besondere Ereignisse (Fusionen, Übernahmen etc.) verstrickt sind oder sich in finanziellen Schwierigkeiten befinden. Dabei sind hohe Gewinne möglich, die Risiken sind allerdings ebenfalls beträchtlich.

Ewige Anleihe

Anleihe ohne festgelegten Rückzahlungszeitpunkt. Die Rückzahlung erfolgt nach Kündigung der Anleihe durch den Schuldner. Relativ seltene Sonderform unter den festverzinslichen Wertpapieren.

Exchange Traded Funds

Fondsanteile, die ebenso wie Aktien oder Anleihen zum aktuellen Kurs an der Börse gehandelt werden. Im Gegensatz zu herkömmlichen Investmentfondsanteilen fällt beim Kauf kein Ausgabeaufschlag an. Der Preis von Exchange Traded Funds entspricht in der Regel einem vom Emittenten festgelegten Bruchteil des Fondsvermögens, das sich wiederum entsprechend der Wertentwicklung derjenigen Wertpapiere verändert, die der Fonds hält. Aufgrund des entfallenden Ausgabeaufschlags, der bei herkömmlichen Fonds mehrere Prozentpunkte ausmachen kann, haben sich Exchange Traded Funds relativ schnell am Kapitalmarkt durchgesetzt.

Exhaustion Gap (Erschöpfungslücke)

In der technischen Analyse Bezeichnung für eine Kurslücke (Gap), die am Ende eines starken Trends auftaucht und somit dessen Ende signalisiert.

Express-Zertifikat

Zertifikat mit beschränkter Laufzeit von maximal fünf Jahren, das sich in aller Regel auf einen Index als Referenzwert bezieht. Notiert der Index an einem von mehreren Beobachtungsterminen über dem Ausgangsniveau, so endet die Laufzeit vorzeitig, und der Anleger kann eine in den Emissionsbedingungen festgelegte Auszahlung vereinnahmen. Für den Anleger geht es also darum, eine in der Regel recht bescheidene Zielrendite so schnell wie möglich zu erhalten. Express-Zertifikate sind zudem mit einer unteren Schwelle (Schutzbarriere) versehen. Wird sie nicht unterschritten, erhält der Anleger wenigstens seinen Einsatz zurück. Fällt der Index allerdings unter dieses Niveau, dann erleidet der Anleger entsprechende Verluste.

F

Fallschirm-Zertifikat

→ Airbag-Zertifikat.

Fälligkeit, Fälligkeitstermin

Festgelegter Zeitpunkt der Tilgung einer Schuldverschreibung oder der Auszahlung des Fair Value eines Zertifikats an dessen Inhaber.

Fälligkeitstag

Letzter Handels- beziehungsweise Ausübungstag eines derivativen Finanzprodukts wie zum Beispiel eines Optionsscheins oder eines Zertifikats.

Fairer Wert, Fair Value

Unter Anwendung optionspreistheoretischer Modelle (zum Beispiel Black-Scholes-Modell) errechneter Preis für ein Optionsrecht, bei dem sich Gewinn- und Verlustwahrscheinlichkeit exakt die Waage halten. Die wichtigsten in die Berechnung eingehenden Parameter sind Kurs des Basisobjekts, Basispreis, Laufzeit, Zinssatz, Rendite des Basisobjekts und Volatilität. Der faire Wert als Vergleichskriterium von Optionsscheinen hat gegenüber den paritätsbezogenen Kennzahlen in den vergangenen Jahren immer mehr an Bedeutung gewonnen. Bei Zertifikaten bezeichnet der Fair Value den Wert, der sich aus dem Bezugsverhältnis und dem aktuellen Kurswert des Underlying ergibt, ohne Berücksichtigung der sonst üblichen Geld/Brief-Spanne (Spread). Am Ende der Laufzeit eines Zertifikats entspricht der Fair Value dem Rückzahlungsbetrag.

FAZ-Index

500 Werte umfassender Aktienindex, der von der »Frankfurter Allgemeinen Zeitung« betreut wird. Bis zur Einführung des DAX war der FAZ-Index der meistbeachtete deutsche Aktienindex.

FDA

Food and Drug Administration. US-Gesundheitsbehörde. Von der Genehmigung der FDA hängt die Einführung von Medikamenten in den USA ab – und damit oft genug das Schicksal von Pharmaunternehmen und deren Aktien.

Feindliche Übernahme

→ Übernahme.

Feingehalt

Anteil von Edelmetall an einer Metalllegierung. Ein Feingehalt von 999 bedeutet, dass eine Goldmünze zu 999 Tausendstel aus Gold besteht.

Feingold

Gold mit einem Feingehalt von mindestens 999/1.000.

Feinunze

International gängige Gewichtseinheit für Edelmetalle. Entspricht 31,1 Gramm.

Fest

Tendenzbezeichnung für Handelstage mit deutlichen Kurssteigerungen von durchschnittlich über einem Prozent.

Festgeld

Geldeinlagen bei einer Bank mit vereinbarter Anlagedauer von mindestens 30 Tagen und festgelegtem Zinssatz, die an einem bestimmten Tag zur

Rückzahlung fällig werden. Oft wird vereinbart, dass sich die Anlagedauer automatisch verlängert, wenn der Anleger nicht vor dem vereinbarten Rückzahlungstermin kündigt.

Festpreisverfahren

Früher allgemein übliche Prozedur der Preisfestlegung im Rahmen einer Emission. Im Aktien- wie im Anleihenbereich wird das Festpreisverfahren zunehmend vom Bookbuilding-Verfahren abgelöst. Beim Festpreisverfahren legt der Emittent beziehungsweise das Emissionskonsortium den Bezugs- beziehungsweise Zeichnungskurs der zur Emission anstehenden Wertpapiere fest, wobei das Problem entsteht, einen optimalen Preis zu finden, bei dem die Emission möglichst vollständig und zu einem für den Emittenten attraktiven Preis vom Markt aufgenommen wird. Das Bookbuilding-Verfahren ist dem Festpreisverfahren in gewisser Hinsicht überlegen, weil hier die Preisvorstellungen der Nachfrager einfließen.

Festverzinsliche Wertpapiere

Bezeichnung für mit einem festgelegten Zinssatz ausgestattete Wertpapiere. Sie werden oft auch Rentenwerte oder kurz »Festverzinsliche« genannt.

FIBOR

Frankfurt Interbank Offered Rate. Zinssatz aus dem Frankfurter Interbankenhandel, der oft als Referenzzins für Anleihen dient. Vergleiche LIBOR.

Fiktiver Kurs

Geschätzter Wertpapierkurs an umsatzlosen Tagen. Entspricht dem Taxkurs. → Kurszusätze.

Fill or Kill

Orderzusatz. Der Wertpapierauftrag wird entweder vollständig ausgeführt oder gelöscht. Er kann auch vollständig in Teilausführungen abgewickelt werden. Ist eine vollständige Abwicklung nicht möglich, so verfällt der gesamte Auftrag.

Financial Future

→ Finanzterminkontrakt.

Finanzterminkontrakt

Terminkontrakt mit einem Finanztitel (Aktien, Anleihen, Devisen) als Basisinstrument.

Fiscal Year

International übliche Bezeichnung für Geschäftsjahr.

Fixed-Income-Strategien

Eine der wichtigsten Strategien von Hedge Fonds. Bei der Fixed-Income-Arbitrage wird versucht, durch Kauf und Leerverkauf von Anleihen verschiedener Laufzeiten und Bonitäten Gewinne zu erzielen. Bei der Mortgage-Backed-Securities-Arbitrage wird versucht, von Preisdifferenzen zwischen verschiedenen Arten verbriefter Hypothekendarlehen zu profitieren. Bei der Kapitalstruktur-Arbitrage schließlich wird versucht, Preisineffizienzen innerhalb der Kapitalstruktur eines bestimmten Unternehmens auszunutzen. Zum Beispiel werden Unternehmensanleihen erworben und andere Anleihen dieses Unternehmens oder seine Aktien leerverkauft.

Flagge

Trendbestätigungsformation im Rahmen der technischen Wertpapieranalyse. Hoch- und Tiefpunkte des Chart innerhalb eines bestimmten Zeitraums werden miteinander verbunden. Die Flaggenformation ist dadurch gekennzeichnet, dass die Begrenzungslinien parallel und entgegengesetzt zur Trendbewegung verlaufen. Die Flaggenformation gilt technischen Analysten als Indiz für die Fortsetzung des in der Vergangenheit zu konstatierenden Trends.

Floater (Floating Rate Note)

Schuldverschreibung mit variabler Verzinsung. Der Zinssatz wird jeweils für festgelegte Zeiträume, in der Regel drei bis sechs Monate, an einen Referenzzinssatz wie den EURIBOR angepasst. Der Vorteil von Floatern liegt für den Anleger darin, dass er stets eine der aktuellen Kapitalmarktsituation angemessene Verzinsung erhält. Aus diesem Grund schwanken die Börsenkurse von Anleihen mit variabler Verzinsung weit weniger stark als die Kurse herkömmlicher Schuldverschreibungen.

Flop

Bezeichnung für eine verlustbringende Wertpapieranlage.

Fonds

Von einer Investmentgesellschaft verwaltetes Kapitalvermögen. Fonds unterscheiden sich hinsichtlich der verfolgten Strategie (zum Beispiel Growth- beziehungsweise Value-Strategie), der Ausschüttungspolitik (Ausschüttung versus Thesaurierung), der Konstruktionsart (offener versus geschlossener Fonds) und der Vermögensgegenstände, in die investiert wird (Aktien, Anleihen, Rohstoffe, Immobilien etc.), wobei auch Mischformen vorkommen.

Footsie

Lautmalerische Bezeichnung für den FTSE-100-Index.

Formation (Kursformation)

Im Rahmen der technischen Analyse Bezeichnung für ein Kursmuster, dem prognostische Bedeutung für die künftige Kursentwicklung zugeschrieben wird. Man unterscheidet zwischen Umkehr- und Fortsetzungsformationen. Bekannte Formationen sind zum Beispiel die Schulter-Kopf-Schulter-Formation (Umkehr) oder die Flagge (Fortsetzung).

Fortlaufende Notierung

→ Variable Notierung.

Fortsetzungsformation

Kursmuster, das von technischen Analysten als Anzeichen für eine Pause im vorherrschenden Trend interpretiert wird, im Gegensatz zu einer Umkehrformation, aber nicht als dessen Ende. Nach Abschluss der Fortsetzungsformation wird erwartet, dass der Trend seine vorherige Richtung wieder aufnimmt. Bekannte Fortsetzungsformationen sind Wimpel, Flagge und Dreieck.

Fortsetzungslücke (Runaway Gap, Measuring Gap)

In der technischen Analyse Bezeichnung für eine Kurslücke (Gap), die in etwa in der Mitte eines starken Trends auftritt, was natürlich bedeutet, dass der Trend nach Abschluss der Fortsetzungslücke weitergehen und der Kurs eine Bewegung vollziehen sollte, die prozentual derjenigen vom Trendbeginn bis zum Auftreten des Gap entspricht. Fortsetzungslücken kommen in Aufwärtstrends ebenso vor wie in Abwärtstrends.

Free Float

International übliche Bezeichnung für Streubesitz. Der Free Float bezeichnet denjenigen (prozentualen) Teil aller von einer AG ausgegebenen Aktien, der dem Markt »zur Verfügung steht«, also weder bei Großaktionären in festen Händen ist oder einer Verkaufssperre unterliegt.

Free Float Value

Im Gegensatz zur Marktkapitalisierung bezeichnet der Free Float Value den aktuellen Börsenwert des Free Float. Er wird durch Multiplikation der Zahl der frei verfügbaren Aktien mit dem Börsenkurs errechnet. Der Free Float Value hat in jüngster Zeit stark an Bedeutung gewonnen, weil die Gewichtung der einzelnen Aktien in bedeutenden Indizes (zum Beispiel in den Stoxx-Indizes) nicht mehr wie früher nach der Marktkapitalisierung, sondern nach dem Free Float festgelegt wird. Unternehmen, deren Aktien zu einem hohen Prozentsatz in festen Händen liegen, haben dadurch an Indexgewicht verloren.

Freigrenze

Begriff aus dem Steuerrecht. Für Börsengeschäfte relevant ist vor allem die Freigrenze von 512 Euro pro Kalenderjahr, bis zu der Spekulationsgewinne steuerfrei bleiben. Wird die Freigrenze überschritten, so ist im Unterschied zu einem steuerlichen Freibetrag nicht nur die Differenz, sondern die volle

Summe zu versteuern. Es kann sich also lohnen, am Ende des Jahres genau nachzurechnen. Falls die erzielten Spekulationsgewinne die Freigrenze nur knapp übersteigen, kann durch die Realisierung von kleinen Buchverlusten die Steuerfreiheit wieder erreicht werden.

Freiverkehr

Börsenhandel von Wertpapieren, die nicht im Amtlichen Handel oder im Geregelten Markt notiert werden. Man unterscheidet zwischen geregeltem und ungeregeltem Freiverkehr (Telefonverkehr). Die Zulassung zum geregelten Freiverkehr erfordert das Stellen eines Antrags beim Ausschuss für Geschäfte in amtlich nicht notierten Werten (Freiverkehrsausschuss) der jeweiligen Börse und das Durchlaufen eines Zulassungsverfahrens, das jedoch weniger streng verläuft als bei der Zulassung zum Amtlichen Handel. Wie im Amtlichen Handel ist die Möglichkeit zur effektiven Lieferung der Wertpapiere Voraussetzung für die Zulassung zum geregelten Freiverkehr. Im ungeregelten Freiverkehr werden zum Teil Wertpapiere notiert, bei denen die Voraussetzungen zur Zulassung zum Amtlichen Handel oder zum Geregelten Freiverkehr (noch) nicht gegeben sind, zum Teil auch solche, die an anderen Börsen amtlich notiert sind. Letzteres liegt daran, dass viele Unternehmen die hohen Kosten einer Zulassung zum Amtlichen Handel an mehreren Börsen scheuen. Die Zulassung zum Ungeregelten Freiverkehr kann jederzeit ohne besonderes Prüfungsverfahren beim zuständigen Überwachungsausschuss der jeweiligen Börse beantragt werden.

Fremdkapital

Summe aller Verbindlichkeiten eines Unternehmens, Passiva abzüglich Eigenkapital, eventuell um Wertberichtigungen korrigiert. Nach der Fristigkeit unterscheidet man kurzfristiges (zum Beispiel Bankkredite, Wechselverbindlichkleiten) und langfristiges (zum Beispiel Anleihen, langfristige Kredite) Fremdkapital.

Fremdwährungsanleihen

Anleihen, die in einem Land nicht in der Landes-, sondern in einer anderen Währung emittiert werden, etwa in Deutschland aufgelegte Anleihen, die auf US-Dollar oder Pfund Sterling lauten.

Freundlich

Tendenzbezeichnung an Tagen mit lebhaftem Handel und steigenden Kursen.

FTSE-100-Index

Meistbeachteter Aktienindex der Londoner Börse. Ersetzte 1984 den 1935 entwickelten FT-30-Index. Nach Marktkapitalisierung gewichtet, umfasst der FTSE-100-Index 100 der wichtigsten Finanz- und Industrie-Aktien Großbritanniens. Er wird von der renommierten Tageszeitung »Financial Times« betreut.

Fundamentalanalyse

Bezeichnung für Vorgehensweisen der Wertpapieranalyse, die sich nicht wie die technische Analyse an Kursverläufen der Vergangenheit orientieren, sondern politische, volkswirtschaftliche, monetäre und unternehmensspezifische Einflussfaktoren auf die Kursentwicklung untersuchen. Zunächst wird diagnostiziert, ob zum Beispiel eine Aktie im historischen Vergleich, im Branchenvergleich oder aufgrund von Ertrags- und Substanzwertgesichtspunkten über- oder unterbewertet ist. Aus dieser Diagnose wird eine Prognose der künftigen Entwicklung abgeleitet.

Fundamentalist

Gängige Bezeichnung für Anhänger der → Fundamentalanalyse.

Fund of Funds

→ Dachfonds.

Fungibilität

Liquidität einer Klasse von Finanzinstrumenten. Von hoher Fungibilität spricht man bei Wertpapieren oder Rechten, die kurzfristig zu Geld gemacht werden können, zum Beispiel Aktien, Anleihen, Zertifikate und Optionsscheine. Dagegen sind Immobilien, physische Rohstoffe oder Diamanten von geringer Fungibilität.

Fusion

Zusammenschluss von zwei oder mehr zuvor selbstständigen Unternehmen. Die Fusion kann durch Aufnahme oder Unternehmensneugründung erfolgen. Mögliche Ziele einer Fusion sind eine Verbesserung von Marktstellung und Wettbewerbssituation, die Sicherung von Beschaffungs- und/oder Absatzmärkten und eine Ausweitung der Produktpalette. Auch steuerliche Gründe können eine Rolle spielen.

Futures

Vom englischen Wort für Zukunft abgeleitete, international gebräuchliche Bezeichnung für Terminkontraktgeschäfte: Lieferung und Zahlung bei Termingeschäften liegen in der Zukunft.

Futures-Markt

Börsenmäßig organisierter Handel von Terminkontrakten unter Einschaltung einer Clearingstelle.

G

GAAP

Generally Accepted Accountig Principles. → US-GAAP.

Gamma

Im Rahmen der Optionspreistheorie die Kennzahl für die Sensitivität des Delta gegenüber Kursveränderungen des Basisinstruments. Das Gamma gibt die Veränderung des Delta bei einer Kursbewegung des Basisinstruments um eine Rechnungseinheit (zum Beispiel einen Euro) an und misst damit gewissermaßen indirekt die Sensitivität des Optionsscheins gegenüber größeren Kursschwankungen des Basisinstruments.

Gap

Kurslücke in einem Chart, die dann entsteht, wenn der erste Kurs eines Handelstages wesentlich über oder unter dem Schlusskurs des Vortags liegt.

Garantieprodukt

Bezeichnung für Finanzderivate mit Garantie der Rückzahlung des Emissionswerts. Die Garantie kann den vollen Emissionswert oder auch nur einen Teil davon umfassen. Näheres findet sich in den Emissionsbedingungen.

Garantie-Zertifikat

Zertifikat, bei dem in den Emissionsbedingungen die Rückzahlung des zum Emissionszeitpunkt eingesetzten Kapitals zu 100 Prozent oder zu einem geringeren Teil garantiert ist. Steigt der Kurs des dem Zertifikat zugrunde liegenden Basisobjekts über das Garantieniveau hinaus, dann erhalten die Zertifikate-Inhaber in den meisten Fällen am Fälligkeitstermin eine höhere Auszahlung und partizipieren somit an der positiven Kursentwicklung. Allerdings ist diese Partizipation durch einen Höchstbetrag (Cap) begrenzt. Ein Nachteil für den Anleger: Nach geltendem Steuerrecht sind Gewinne aus mit einer Kapitalgarantie ausgestatteten Zertifikaten stets zu versteuern, unabhängig von der Haltefrist.

Garantiespannen-Zertifikat

Finanzderivat, das eine spezielle Ausprägung eines Garantie-Zertifikats darstellt. Die Garantiepflicht des Emittenten entfällt, falls der Kurs des Underlying ein bestimmtes Niveau unterschreitet. Die Garantiespanne wird in der Regel in Prozentpunkten festgelegt. Innerhalb dieser Spanne wird die volle Garantie gewährleistet. Sinkt der Kurs jedoch so stark, dass die Spanne nach unten verlassen wird, entfällt die Garantie ganz oder teilweise.

Gedeckter Optionsschein

→ Covered Warrant.

Geld-Brief-Spanne

Unterschied zwischen den gleichzeitigen Kursen, zu denen ein börsennotiertes Produkt ge- beziehungsweise verkauft werden kann (Spread).

Geldkurs

Kurs, zu dem ein Marktteilnehmer bereit ist, ein bestimmtes Volumen eines Wertpapiers zu erwerben. Geldkurse, die nicht auf entsprechende Nachfrage gestoßen sind, werden auf dem Kurszettel mit dem Zusatz »G« für »Geld« versehen.

Geldmarkt

Im Gegensatz zum Kapitalmarkt der Markt für kurzfristige Guthaben und Kredite. Die Zinssätze am Geldmarkt (Geldmarktsätze) richten sich nach Angebot, Nachfrage und Laufzeit (Tagesgeld, Monatsgeld usw.). Ausleihungen und Kredite am Geldmarkt dienen den Banken zur Liquiditätsbeschaffung und beeinflussen die Geldversorgung der Wirtschaft.

Geldmarktfonds

In Deutschland erst seit einigen Jahren zugelassene Investmentfonds, die die Gelder ihrer Anteilseigner in möglichst hoch verzinsten Geldmarktpapieren anlegen.

Geldmarktpapiere

Bezeichnung für die am Geldmarkt gehandelten Wertpapiere, zum Beispiel Schatzwechsel und unverzinsliche Schatzanweisungen.

Geldmarktsätze

Zinssätze am Geldmarkt für Kredite verschiedener Laufzeit.

Geldmenge

Die Bezeichnung wird zum Teil für Geldvolumen (Bargeldumlauf), zum Teil auch im Sinn von Zentralbankgeldmenge angewandt. Man unterscheidet drei Geldmengenarten: M1 bezeichnet den Geldumlauf: Bargeldumlauf (ohne Kassenbestände der Banken) und Sichteinlagen inländischer Nichtbanken. M2 umfaßt M1 plus Termingelder inländischer Nichtbanken mit Laufzeiten unter vier Jahren. Das meistbeachtete Geldmengenvolumen M3 schließlich beinhaltet M2 plus Spareinlagen inländischer Nichtbanken mit gesetzlicher Kündigungsfrist.

Gemeinschaftsdepot

Depot für gemeinsame Rechnung mehrerer Inhaber, die entweder einzeln (Oder-Depot) oder gemeinsam (Und-Depot) verfügungsberechtigt sind.

Genehmigtes Kapital

Nach §§ 202 bis 206 Aktiengesetz stellt das Genehmigte Kapital für den Vorstand der AG den durch die Hauptversammlung beschlossenen Ermächtigungsrahmen für eine ordentliche Kapitalerhöhung dar. Der Vorstand hat in den auf den Beschluss folgenden fünf Jahren die Möglichkeit, eine ordentliche Kapitalerhöhung bis maximal zur Höhe des genehmigten Kapitals durchzuführen oder die Ermächtigung verfallen zu lassen.

General Standard

Seit März 2003 neben dem Prime Standard bestehendes Marktsegment an deutschen Börsen. Im General Standard gelistete Unternehmen erfüllen die für den Prime Standard erforderlichen Transparenzanforderungen nicht, was allerdings kein Qualitätsmerkmal sein muss, sondern in der Regel mit Kostenüberlegungen der betreffenden Unternehmen zu tun hat. In manchen Fällen entspricht es auch nicht der jeweiligen Unternehmensphilosophie, die zur Aufnahme in den Prime Standard erforderlichen Kriterien (zum Beispiel die Veröffentlichung von Quartalsberichten) zu erfüllen. Die Aufnahme in die Auswahlindizes der Deutschen Börse AG wie DAX-30, MDAX, TecDAX oder SDAX ist den im General Standard versammelten Unternehmen allerdings verwehrt. Prominentestes Beispiel: Porsche.

Genussschein

Wertpapier, das im Unterschied zur Aktie keine Mitgliedschaftsrechte, sondern Rechte am Reingewinn oder am Liquidationserlös einer AG verbrieft. Genussscheininhaber haben nicht das Recht zur Teilnahme an der Hauptversammlung. Die verbrieften Genussrechte weisen bei den einzelnen Scheinen wichtige Unterschiede auf: So gibt es Genussscheine mit fester oder ergebnisabhängiger Ausschüttung und solche mit Wandelrecht. Vor dem Kauf ist es daher für den Anleger unerlässlich, sich über die Genussrechte des betreffenden Scheins zu informieren.

Geregelter Markt

Im Mai 1987 ins Leben gerufenes Segment des Börsenhandels in Deutschland. Im Vergleich zum Amtlichen Handel bestehen im Geregelten Markt geringere Anforderungen an den Börseneinführungsprospekt, auch die Publizitätsvorschriften sind weniger streng. Der Geregelte Markt eignet sich daher vor allem für mittelgroße Aktiengesellschaften, die hohe Kosten bei der Börseneinführung ihrer Aktien vermeiden wollen.

Geschäftsbericht

Jährlich veröffentlicher Bericht einer AG über den Geschäftsverlauf im abgelaufenen Geschäftsjahr und über die Situation des Unternehmens.

Der Geschäftsbericht steht allen Aktionären zur Verfügung und kann auch von allen anderen Interessierten angefordert werden. Wichtigster Teil des Geschäftsberichts ist der Jahresabschluss.

Geschäftsjahr

Das Geschäftsjahr von Unternehmen, hier insbesondere Aktiengesellschaften, deckt sich in Deutschland meist – jedoch nicht immer – mit dem Kalenderjahr. International, vor allem in den USA, ist die Zahl der Unternehmen mit vom Kalenderjahr abweichenden Geschäftsjahren größer als hierzulande.

Gewichteter Durchschnitt

Im Rahmen der technischen Analyse Bezeichnung für einen gleitenden Durchschnitt, der den jüngeren Kursen eine höhere Gewichtung zuweist als denen, die schon länger zurückliegen.

Gewinn pro/je Aktie

Eine der wichtigsten Kennzahlen der fundamentalen Aktienanalyse. Der innerhalb eines bestimmten Zeitraums (Quartal, Geschäftsjahr) erzielte Unternehmensgewinn wird durch die Anzahl der von dem Unternehmen ausgegebenen Aktien dividiert. Der Gewinn je Aktie dient vor allem zum Vergleich verschiedener Unternehmen derselben Branche und zur Untersuchung der Ertragssituation eines einzelnen Unternehmens über die Zeit.

Gewinnmarge

Gewinn, zum Beispiel Jahresgewinn eines Unternehmens, ausgedrückt in Prozent des Umsatzes. Bei der Unternehmensanalyse wird unterschieden zwischen der Bruttogewinnmarge (Gewinnmarge ohne Berücksichtigung anfallender Steuerzahlungen) und der Nettogewinnmarge, die den Gewinn nach Steuern in Prozent des Gesamtumsatzes zum Ausdruck bringt.

Gewinnmitnahme

Realisierung von Kurssteigerungen durch Verkauf. An Gewinnmitnahmen ist, einer alten »Börsenweisheit« zufolge, noch niemand gestorben.

Gewinnschwelle

→ Break-even.

GEX

German Entrepreneurial Index. Im Januar 2005 von der Deutschen Börse konzipierter Index für Aktien von »Familienunternehmen«. Die Anzahl der Aktien ist nicht begrenzt, in seiner ersten Fassung enthielt der Index 117 Titel. Voraussetzungen für die Aufnahme: Mindestens 25 Prozent des Aktienkapitals müssen in der Hand einer Familie liegen, und die Aktie darf maximal seit zehn Jahren börsennotiert sein. Die im GEX enthaltenen Aktien können auch in anderen Indizes der Deutschen Börse wie dem DAX-30, dem MDAX oder dem SDAX vertreten sein.

Gezeichnetes Kapital

→ Grundkapital.

Girant

→ Indossant.

Giratar

→ Indossatar.

Girosammelverwahrung

Verwahrung von Effekten auf einem Girosammeldepot bei Wertpapiersammelbanken. Die Wertpapiere werden, nach Gattungen getrennt, in den Tresoren der Wertpapiersammelbank aufbewahrt. Der Kunde hat keinen Anspruch auf Lieferung ganz bestimmter, numerisch bezeichneter Stücke. Vielmehr ist er durch eine Gutschrift auf das Girosammeldepot Miteigentümer des von der Wertpapiersammelbank verwahrten Bestands des betreffenden Wertpapiers. Nötige Verwaltungsmaßnahmen wie Einlösung von Zins- und Dividendenscheinen oder das Besorgen neuer Bogen werden von der Wertpapiersammelbank durchgeführt.

Gleitender Durchschnitt

Statistisches Glättungsverfahren. Die technische Wertpapieranalyse bedient sich gleitender Durchschnitte zur Interpretation typischer Kursverläufe und zur Trendprognose. An jedem Börsentag wird der durchschnittliche Kurswert eines Wertpapiers für eine bestimmte Zahl zurückliegender Handelstage gebildet. Kurzfristige Bewegungen werden so geglättet, was mit der Erwartung verbunden ist, dass Trends sich auf diese Weise erkennen und vorherbestimmen lassen. Als besonders aussagekräftig gilt die 200-Tage-Linie, die aus den Kurswerten der jeweils letzten 200 Börsentage gebildet wird. Ein signifikantes Unter- oder Überschreiten dieser Linie wird als Zeichen einer Trendumkehr gedeutet. Auch der 90-Tage-Linie kommt im Rahmen der technischen Wertpapieranalyse prognostische Bedeutung zu.

Global Macro

Eine der wichtigsten Strategien von Hedge Fonds. Hierunter fallen Vorgehensweisen, mit denen versucht wird, durch frühzeitiges Erkennen von politischen Veränderungen oder Tendenzen an den Devisen-, Rohstoff- und Wertpapiermärkten Gewinne zu erzielen.

Going Private

Gegenteil des Going Public. Vollständiger Rückzug eines bislang börsennotierten Unternehmens vom öffentlichen Kapitalmarkt. Im Rahmen eines Going Private erhalten die freien Aktionäre des Unternehmens ein Abfindungsangebot. Hält ein Anteilseigner mehr als 95 Prozent des Kapitals, kommt es in der Regel zum Squeeze-out. Der Rückzug von der Börse wird meist von solchen Unternehmen vollzogen, die ihre Aktien für wenig beachtet und unterbewertet halten und/oder die sich die Kosten einer Börsennotiz ersparen wollen, weil diesen Kosten aus Sicht des Unternehmens kein entsprechender Gegenwert gegenübersteht.

Going Public

Bezeichnung für die Ausgabe neuer Wertpapiere und deren Aufnahme in den Börsenhandel. Meist dient Going Public als eine Art Synonym für den Börsengang eines Unternehmens.

Golden-Goal-Aktienanleihe

Die Golden-Goal-Aktienanleihe ist eine relativ konservative Sonderform der Aktienanleihe. Sobald eine bestimmte Kursschwelle durchbrochen ist, wird die Anleihe in jedem Fall zum Nennwert getilgt, wie sich die Aktie danach auch entwickeln mag. In einem von zeitweise heftigen Kursausschlägen geprägten Markt, der aber per saldo seitwärts verläuft, sind diese Papiere durchaus aussichtsreich.

Good Till Cancelled (GTC)

Orderzusatz. Damit wird ein Kauf- oder Verkaufsauftrag bezeichnet, der ohne festgelegte zeitliche Begrenzung gültig bleibt, bis er entweder abgewickelt oder vom Auftraggeber gelöscht wird.

Gratisaktien

→ Berichtigungsaktien.

Greenback

Verbreitete Bezeichnung für den US-Dollar, inspiriert durch die grüne Rückseite der Dollar-Noten.

Greenshoe

Beim Börsengang von Aktiengesellschaften wird oft ein gewisser Teil der zu emittierenden Papiere zunächst zurückgehalten. Ist die Nachfrage deutlich höher als das Angebot, dann werden die Titel ausgegeben. Wenn kein Nachfrageüberhang besteht, kommen die zurückgehaltenen Titel zunächst nicht an die Börse. Diese »Eiserne Reserve« nennt man Greenshoe. Die ein wenig seltsam klingende Bezeichnung ist darauf zurückzuführen, dass die amerikanische Green Shoe Manufacturing Company bei ihrem Börsengang in den 1950er-Jahren weltweit das erste Unternehmen war, das dieses Verfahren anwendete.

Growth-Strategie

Anlagestrategie, bei der vor allem Aktien von Unternehmen gekauft werden, die in der Vergangenheit ein überdurchschnittlich hohes Gewinn-

und Umsatzwachstum aufwiesen, beziehungsweise solche Aktien, bei denen für die nähere Zukunft berechtigte Hoffnung auf überdurchschnittliches Wachstum besteht.

Grundkapital

Das Grundkapital einer AG ist in Aktien »zerlegt«, das heißt, es muss mit der Summe der Nennwerte der emittierten Aktien übereinstimmen (außer bei AGs, die nennwertlose Aktien ausgegeben haben). Der einzelne Aktionär ist entsprechend dem Nennwert der von ihm gehaltenen Aktien am Grundkapital beteiligt.

Grundkapitalerhöhung

→ Kapitalerhöhung.

Grundkapitalherabsetzung

Neben der Kapitalerhöhung hat die Aktiengesellschaft auch die Möglichkeit einer Herabsetzung des Grundkapitals. Nach dem Aktiengesetz gibt es dazu drei Möglichkeiten: die mit einer Teilliquidation verbundene ordentliche Kapitalherabsetzung, die nominelle Kapitalherabsetzung als Maßnahme der Buchsanierung und die Kapitalherabsetzung durch Einziehung von Aktien.

GTC

→ Good Till Cancelled.

Gut behauptet

Tendenzbezeichnung an Handelstagen mit kleinen Kursgewinnen von durchschnittlich nicht mehr als etwa einem halben Prozent.

simplified

H

Halbeinkünfteverfahren

Ab dem Veranlagungszeitraum 2002 löste das Halbeinkünfteverfahren das bis dahin gültige Anrechnungsverfahren bei der Besteuerung von einheimischen Dividenden und Spekulationsgewinnen ab. Die Anrechnung der von der AG bezahlten Körperschaftsteuer auf seine Einkommensteuerschuld ist dem Aktionär nicht mehr möglich. Zur Kompensation dieses Nachteils unterliegen Dividenden und Spekulationsgewinne nur noch zur Hälfte der Einkommensteuer. Das Halbeinkünfteverfahren gilt für ausländische Dividenden und Spekulationsgewinne bereits seit dem Veranlagungszeitraum 2001.

Hamster-Optionsschein

→ Korridor-Optionsschein.

Handel per Erscheinen

Bezeichnung für den außerbörslichen Handel neu emittierter Wertpapiere, bevor diese geliefert werden können. Da bis zur ersten offiziellen Notierung und Abrechnung mitunter Wochen vergehen können, bietet diese Art des Handels die Möglichkeit der Spekulation ohne tatsächlichen Kapitaleinsatz. Die Verlustrisiken sind allerdings nicht geringer als beim börslichen Wertpapierhandel.

Handelssystem

Automatisierte Investmentstrategie, bei der ein Depot regelmäßig anhand festgelegter quantitativer Kriterien angepasst und optimiert wird. Die Kriterien sind je nach Präferenz des Anlegers frei wählbar. Zum Beispiel können im Rahmen eines Handelssystems jeweils die zehn Aktien aus einem Index ins Depot aufgenommen werden, die an einem festgelegten Stichtag die niedrigste Bewertung anhand des KGV, des KUV oder des KBV aufweisen, beziehungsweise diejenigen, die sich innerhalb eines bestimmten Zeitraums am besten entwickelt haben, das höchste erwartete Gewinnwachstum aufweisen oder dergleichen. Ein automatisiertes Handelssystem entbindet den Anleger von der Mühe, sich für oder gegen bestimmte Aktien zu entscheiden, da die Auswahl automatisch anhand quantifizierbarer Kriterien erfolgt.

Hauptversammlung (HV)

Organ der Aktiengesellschaft. In der Regel einmal jährlich stattfindende Versammlung der Aktionäre. Zugang zur Hauptversammlung und Stimmrecht stehen nur den Inhabern von stimmberechtigten Stammaktien zu, nicht aber Vorzugsaktionären. Die Hauptversammlung wird vom Vorstand der AG mit einer Frist von mindestens einem Monat einberufen. Wichtigste Aufgaben der Hauptversammlung sind die Bestellung der Mitglieder des Aufsichtsrats, Beschlussfassung über die Verwendung des Bilanzgewinns, Entlastung der Mitglieder von Vorstand und Aufsichtsrat, Bestellung der Abschlussprüfer, Beschlussfassung über Satzungsänderungen, Maßnahmen zu Kapitalbeschaffung und Kapitalherabsetzung, Bestellung von Prüfern zur Prüfung von Vorgängen bei Gründung oder Geschäftsführung und die Beschlussfassung zur Auflösung der AG.

Hausse

Aus dem Französischen übernommene Bezeichnung für eine über längere Zeit anhaltende starke Aufwärtsbewegung an der Börse. Gegensatz: → Baisse.

Hebel (Hebelwirkung, Leverage-Effekt)

Der Hebel gibt an, in welchem Verhältnis ein Optionsschein eine Kursbewegung des Basisinstruments nachvollzieht. Der so genannte aktuelle oder einfache Hebel errechnet sich durch Division des Kurswerts des Basisinstruments durch den Optionsscheinkurs und gibt Aufschluss darüber, um wie viel weniger Kapital der Optionsscheininhaber investieren muss, um an derselben Anzahl von Basisinstrumenten teilzuhaben wie der Inhaber von Basisobjekten. Bei einem Hebel von fünf muss lediglich ein Fünftel dessen investiert werden, was der Käufer einer entsprechenden Anzahl von Basisinstrumenten aufzuwenden hat. Bei einem von 1 : 1 abweichenden Optionsverhältnis und bei auf Fremdwährungen lautenden Basisinstrumenten (zum Beispiel Auslandsaktien oder Fremdwährungsanleihen) gehen auch diese beiden Faktoren mit in die Berechnung ein. In diesem Fall lautet die Formel zur Berechnung des aktuellen Hebels:

$$\frac{(\text{Basisinstrument x Währungskurs})}{(\text{Bezugsverhältnis x Optionsscheinkurs})}$$

Der so genannte theoretische Hebel gibt an, um wie viel Prozent sich der Kurs des Optionsscheins bei einer Kursbewegung des Basisinstruments um ein Prozent verändert. In die Berechnung geht das Delta ein.

Hedge Fonds

Investmentfonds, der in seiner Anlagepolitik durch keinerlei rechtliche oder sonstige Restriktionen eingeschränkt ist. Angestrebt wird eine möglichst rasche und starke Kapitalvermehrung. Die wichtigsten von Hedge-Fonds-Managern angewendeten Strategie sind Convertible Arbitrage, Event Driven, Fixed Income, Equity Market Neutral, Long/Short Equity und Global Macro.

Hedge Ratio

Anzahl der zur Absicherung einer Wertpapierposition erforderlichen Terminkontrakte oder Optionen.

Hedging

Bezeichnung für die Risikobegrenzung bei Wertpapier-, Währungs- oder Warengeschäften durch ein zweites, entgegengesetztes Geschäft. Eventuelle Verluste beim Engagement A werden dabei durch Gewinne beim Engagement B kompensiert. Wer größere Aktienbestände hält, kann sich mit Verkaufsoptionen oder -optionsscheinen gegen Kursverluste absichern (hedgen). Gängig sind Hedging-Geschäfte vor allem zur Absicherung gegen Wechselkursrisiken bei künftigen Forderungen beziehungsweise Verbindlichkeiten in einer Fremdwährung.

Heute gültig

Zusatz bei nur am Tag der Auftragserteilung gültigen Kauf- oder Verkaufsorders an der Börse.

Highflyer

Bezeichnung für Wertpapiere, die einen markanten Kursanstieg hinter sich haben. Zuweilen werden auch solche Papiere als Highflyer bezeichnet, denen man in der Zukunft einen starken Aufwärtstrend zutraut.

Historische Wertpapiere

→ Nonvaleurs.

Hit-Optionsschein

Mit amerikanischem Optionsrecht ausgestatteter digitaler Optionsschein. Der Inhaber erhält einen festgelegten Geldbetrag, wenn das Basisobjekt während der Laufzeit eine bestimmte Kursschwelle erreicht. Die Auszahlung kann, je nach Optionsbedingungen, am Laufzeitende oder am Tag des Erreichens der Kurschwelle erfolgen. Wird die Schwelle nicht erreicht, verfällt der Warrant wertlos. Siehe auch: → Europäischer Digitaler Optionsschein.

Hochzinspolitik

Gesamtheit der durch Notenbanken zu ergreifenden Maßnahmen, um das allgemeine Zinsniveau zu erhöhen oder auf einem hohen Stand zu halten. Die bedeutendste Maßnahme der Hochzinspolitik ist die Erhöhung der Leitzinsen. Zweck der Hochzinspolitik ist meist Inflationsbekämpfung durch Bremsung des Zuwachses bei der Geldmenge. Zuweilen wird sie auch angewendet, um einen Kapitalabfluss ins Ausland zu verhindern, wenn das dortige Zinsniveau wesentlich über dem inländischen liegt.

Hoffnungswert

Wertpapier, das keinen oder kaum einen realen Wert repräsentiert, in der Hoffnung auf positive Entwicklungen in der Zukunft aber dennoch gehandelt und von spekulativen Investoren erworben wird.

Holding

Dachgesellschaft, die selbst keine Güter herstellt oder Dienstleistungen erbringt, sondern Unternehmen verwaltet, an denen sie beteiligt ist. Die Holding erwirbt und verwaltet Vermögensanteile und hat in der Regel bestimmenden Einfluss auf deren Produktpolitik.

Homogene Zinsstruktur

Bezeichnung für die – seltene – Situation am Kapitalmarkt, dass die Umlaufrenditen von Anleihen unabhängig von der Restlaufzeit auf in etwa gleichem Niveau liegen. Eine homogene Zinsstruktur kennzeichnet meist den Übergang von einer normalen zu einer inversen Zinsstruktur oder umgekehrt.

Horizontaler Spread

→ Spread, horizontaler.

simplified

I

I. K.

In Konkurs. Dieses Kürzel wird bei den Aktien noch börsennotierter Unternehmen, die sich in Konkurs befinden, an den Unternehmensnamen angehängt.

I. L.

In Liquidation. Dieses Kürzel wird bei den Aktien noch börsennotierter Unternehmen, die sich in Liquidation befinden, an den Unternehmensnamen angehängt.

Illiquidität

Mangel an liquiden, das heißt kurzfristig verfügbaren Zahlungsmitteln.

Immediate or Cancel

Orderzusatz. Der Auftrag wird vollständig oder teilweise abgewickelt, sobald er am betreffenden Börsenplatz vorliegt. Nicht ausgeführte Teile des Auftrags werden sofort gelöscht.

Im Geld

Ausdruck bei Optionsscheinen mit innerem Wert. Im Geld sind Kaufoptionsscheine, wenn der aktuelle Kurs des Basisinstruments über dem Basispreis liegt, und Verkaufsoptionsscheine, wenn der Basispreis über dem aktuellen Kurs des Basisinstruments liegt.

Immobilienfonds

Investmentfonds, dessen Fondsvermögen in Immobilien angelegt ist. Wie bei anderen Investmentfonds auch, werden Fondsanteile (Immobilienzertifikate) an die Anteilseigner ausgegeben. Ausschüttungen an die Inhaber der Anteile werden in der Regel durch Mieteinnahmen erwirtschaftet. Wegen der Möglichkeit steuerlicher Verlustzuweisungen eignen sich Immobilienzertifikate vor allem für Anleger, die einer hohen Steuerprogression unterliegen. Neben seriös arbeitenden Fonds tummeln sich auf dem Markt leider auch eine Menge schwarzer Schafe, die diese Art des Investmentfonds in Verruf gebracht haben. Vor der Geldanlage in Immobilien-Zertifikaten ist es daher unerlässlich, sich über Art und Qualität der Vermögenswerte zu informieren, anstatt sich auf die Versprechungen von »Anlageberatern« und auf Hochglanzprospekte zu verlassen.

Immobilienfonds, geschlossener

Von Kapitalanlagegesellschaften für die Inhaber von Fondsanteils-Zertifikaten treuhänderisch gehaltenes Immobilienvermögen. Eine Veränderung des Vermögens durch An- und Verkauf anderer Grundstücke ist ausgeschlossen. Die Auflegung eines geschlossenen Immobilienfonds dient in den meisten Fällen der Finanzierung eines bestimmten Projekts, das auch aus mehreren, örtlich getrennten Immobilien bestehen kann. Ist die Finanzierung gesichert und das dafür erforderliche Kapital »gesammelt«, so werden keine neuen Anteilszertifikate mehr ausgegeben.

Immobilienfonds, offener

Im Gegensatz zum geschlossenen Immobilienfonds können offene jederzeit neue Objekte erwerben und neue Anteilscheine ausgeben. Die Immobilieninvestmentgesellschaft verwaltet das Fondsvermögen, das aus mindestens zehn Objekten besteht. Die Inhaber der Fondsanteile (Immobilienzertifikate) sind entsprechend der Höhe ihrer Einzahlung Miteigentümer der Immobilienliegenschaften des Fonds.

Immobilien-Zertifikate

Urkunden, die Anteilsbesitz an Immobilien verbriefen. Der Eigentümer beziehungsweise Inhaber ist über die Investmentgesellschaft, die die

Immobilien-Zertifikate ausgegeben hat, am Grundbesitz beteiligt. Zu unterscheiden sind dabei die Zertifikate offener und geschlossener Immobilienfonds.

Implizite beziehungsweise implizierte Volatilität

Vom Markt »erwartete« Volatilität (prozentuale Kursschwankungsbreite) eines Finanzinstruments. Sie kann höher oder niedriger sein als die Volatilität in der Vergangenheit (historische Volatilität), je nachdem, ob die Marktteilnehmer stärkere oder schwächere Kursausschläge erwarten. Diese erwartete Volatilität ist ein bestimmender Faktor bei Optionspreisen. Ändert sich die Erwartungshaltung der Marktteilnehmer bezüglich der Kursbeweglichkeit eines Basisinstruments, so hat dies in der Regel massive Auswirkungen auf die Kurse von Optionen und Optionsscheinen.

Index, Aktienindex

Kennzahl, die die Entwicklung bestimmter Größen – hier: die Entwicklung der Kurswerte von Wertpapieren – über die Zeit zum Ausdruck bringt. Sie gibt die Grundtendenz an einem Kapitalmarkt an. An der Börse stehen vor allem die wichtigen Aktienindizes im Vordergrund des Interesses. Neben Branchenindizes werden vor allem die allgemeinen Indizes beachtet, in denen die Aktien der wichtigsten Unternehmen eines Landes repräsentiert sind. Zusammenstellung und Genauigkeit einzelner Aktienindizes weisen große Unterschiede auf. In den meisten Indizes sind die Einzelaktien nach ihrer Marktkapitalisierung gewichtet – so zum Beispiel im DAX-30 und im Standard & Poor's 500 –, doch macht gerade der wohl bekannteste Aktienindex der Welt, der Dow Jones Industrial Average, hier eine Ausnahme. Am Optionsscheinmarkt spielen Indizes als Basisinstrumente von Index-Warrants eine wichtige Rolle.

Index-Call, Index-Call-Warrant

Kaufoptionsschein mit einem Index als Basisinstrument. Da der »Bezug« eines Index aus nahe liegenden Gründen nicht möglich ist – im Gegensatz etwa zu Aktienoptionsscheinen –, ist in den Optionsbedingungen regelmäßig ein Barausgleich vorgesehen.

Indexoptionsschein, Index-Warrant

Optionsschein, dessen Basisinstrument ein Aktienindex ist. Verbreitet sind Optionsscheine auf den DAX-30, den CAC 40, den Nikkei 300, die Stoxx-Indizes und andere mehr. Mit Indexoptionsscheinen kann auf die Börsenentwicklung eines ganzen Landes oder Währungsraums spekuliert werden, was in den vergangenen Jahren zu ihrer großen Verbreitung an deutschen Börsen beigetragen hat.

Index-Put, Index-Put-Warrant

Verkaufsoptionsschein mit einem Index als Basisinstrument. Da der »Verkauf« eines Index aus nahe liegenden Gründen nicht möglich ist – im Gegensatz etwa zu Aktienoptionsscheinen –, ist in den Optionsbedingungen regelmäßig ein Barausgleich vorgesehen.

Index-Zertifikat

Wertpapier, das die Entwicklung eines Index exakt nachvollzieht. Index-Zertifikate bieten gegenüber dem Kauf von Einzelaktien den Vorteil der Diversifikation und sind so eine Alternative zu Fonds, zumal im Gegensatz zu Letzteren kein Ausgabeaufschlag anfällt. Manche Index-Zertifikate haben eine beschränkte Laufzeit, viele von ihnen sind jedoch mit unbeschränkter Laufzeit ausgestattet. Neben Zertifikaten auf klassische Indizes wie DAX-30 oder CAC-40 gibt es mittlerweile auch Papiere auf Aktien-Baskets, die von den Emittenten selbst zusammengestellt werden (Basket-Zertifikate). Index-Zertifikate werden meist mit einem Bezugsverhältnis von 100 : 1 emittiert. Somit bildet ein Zertifikat jeweils ein Prozent des jeweiligen Index ab.

Indikator

Im Rahmen der technischen Wertpapieranalyse ein Anzeichen für einen bestimmten Kursverlauf in der Zukunft, unter Umständen für eine Umkehr des bisherigen Verlaufs. Die technische Wertpapieranalyse hat eine Vielzahl von Indikatoren entwickelt, etwa den MACD und den Stochastik-Indikator.

Indossament

Schriftlicher Übertragungsvermerk bei Orderpapieren wie zum Beispiel Namensaktien. Das Eigentum an der Urkunde und die daraus erwachsenden Rechte werden durch das meist auf der Rückseite des Orderpapiers angebrachte Indossament vom alten auf den neuen Eigentümer übertragen.

Indossant, Girant

Bisheriger Eigentümer eines Orderpapiers, der das Eigentum durch Indossament an den neuen Eigentümer (Indossatar) überträgt.

Indossatar, Giratar

Neuer Eigentümer von Orderpapieren, dem der bisherige Eigentümer (Indossant) das Eigentum durch Indossament überträgt.

Industrie-Aktien

Aktien von Industrieunternehmen, im Gegensatz zu Aktien von Banken, Verkehrs- oder Versicherungsunternehmen.

Industrieanleihe, Industrieobligation

Von einem Industrieunternehmen emittierte festverzinsliche Schuldverschreibung. Sie dient dem emittierenden Unternehmen zur Beschaffung langfristigen Fremdkapitals für Investitionen. Im Vergleich zu öffentlichen Anleihen hat die Bedeutung von Industrieanleihen am deutschen Kapitalmarkt in den vergangenen Jahrzehnten abgenommen. Vor allem deutsche Unternehmen machen von dieser Möglichkeit zur Beschaffung von Fremdkapital immer weniger Gebrauch, allerdings wird an deutschen Börsen eine Vielzahl von Industrieanleihen ausländischer Emittenten gehandelt.

Inflation

Prozess, in dessen Verlauf die gesamtwirtschaftliche Nachfrage nach Gütern und Dienstleistungen das zur gleichen Zeit am Markt vorhandene Angebot deutlich übersteigt. Die Folge sind steigende Preise beziehungsweise Entwertung (Kaufkraftverlust) des Geldes.

Inflationsindexierte (inflationsgesicherte) Anleihen

Festverzinsliche Wertpapiere, deren Rückzahlungsbetrag und Verzinsung an die Entwicklung eines offiziellen Preisindex zur Inflationsmessung gekoppelt sind.

Inflationsrate

Maß für den allgemeinen Preisanstieg in einem bestimmten Zeitraum. Die in Prozent ausgedrückte Inflationsrate besagt, in welchem Ausmaß die allgemeinen Lebenshaltungskosten zu einem Zeitpunkt B im Vergleich zu einem früheren Zeitpunkt A angestiegen sind.

Inhaberpapier

Wertpapier, dessen namentlich nicht genannter Inhaber die verbrieften Rechte geltend machen kann. Die Übertragung geschieht durch einfache Einigung und Übergabe.

Inline-Optionsschein (Inliner)

Double-Lock-out Warrant.

Innerer Wert

Der innere Wert, auch Substanzwert oder Parität genannt, gibt den tatsächlichen Wert eines Optionsrechts bei der Ausübung an. Er errechnet sich bei Calls nach der Formel: Aktueller Kurswert des Basisinstruments – Basispreis, bei Puts entsprechend: Basispreis – aktueller Kurswert des Basisinstruments. Bei einem anderen Optionsverhältnis als 1: 1 muss auch dieses in die Berechnung mit einbezogen werden. Zur Veranschaulichung ein Beispiel: Der innere Wert eines Kaufoptionsscheins mit einem Optionsverhältnis von 5 : 1 (fünf Optionsscheine sind zum Bezug eines Basisinstruments nötig) und einem Basispreis von 100 Euro, dessen Basisinstrument aktuell bei 200 Euro notiert, beträgt: (200 – 100) : 5 = 20 Euro. Optionsscheine mit positivem inneren Wert liegen im Geld, solche mit negativem inneren Wert aus dem Geld. Beträgt der innere Wert genau oder fast genau Null, so notiert der betreffende Schein am Geld.

Inselumkehr (Island Reversal)

In der technischen Analyse die Bezeichnung für das Auftreten einer Erschöpfungslücke (Exhaustion Gap) in die eine Richtung und einer Ausbruchslücke (Breakaway Gap) in die andere Richtung innerhalb weniger Tage. Zum Beispiel kann der Kurs am Ende eines Abwärtstrends zunächst unter Hinterlassung einer Kurslücke nach unten absacken und sich bald darauf deutlich erholen, wobei wiederum eine Kurslücke im Chart entsteht. Die Inselumkehr gilt als starkes Signal für eine bevorstehende Trendwende.

Insider

Person, die aufgrund ihrer beruflichen Stellung kursrelevante Informationen über eine AG früher als die Öffentlichkeit erfährt. Man unterscheidet zwischen Primär- und Sekundärinsidern: Sekundärinsider kann nicht nur ein Mitarbeiter oder ein dem Unternehmen Nahestehender sein, sondern im Prinzip jeder, dem Insiderinformationen gewollt oder ungewollt zur Kenntnis gelangen. Das Ausnutzen von Insiderinformationen zu Börsengeschäften wird mit Geldstrafe oder Freiheitsstrafe bis zu fünf Jahren bedroht. Primärinsidern ist es darüber hinaus verboten, anderen Insiderinformationen zugänglich zu machen oder den Kauf beziehungsweise Verkauf von Wertpapieren zu empfehlen.

Insidergeschäft

Wertpapierkäufe und -verkäufe in Insiderpapieren.

Insiderinformationen

Kenntnisse über kursrelevante Informationen durch Insider. Insbesondere sind Kenntnisse über Ertragsveränderungen, Dividendenpolitik, geplante Kapitalmaßnahmen und Änderungen in der Unternehmensstruktur (zum Beispiel Umwandlung oder Auflösung) Insiderinformationen, deren Ausnutzung zu Börsengeschäften strafbar ist.

Insiderpapiere

Börsennotierte Wertpapiere von Unternehmen, über die Insider kursrelevante, der interessierten Öffentlichkeit (noch) nicht bekannte Informationen besitzen.

Insolvenz

Die andauernde Unfähigkeit eines Unternehmens (oder allgemein: eines Wirtschaftsubjekts), fälligen finanziellen Verpflichtungen nachkommen zu können. Insolvenzgründe sind Zahlungsunfähigkeit und – bei Kapitalgesellschaften – Überschuldung. Zur Insolvenzabwicklung dienen die gerichtlichen Konkurs- und Vergleichsverfahren sowie der außergerichtliche Vergleich zwischen Schuldner und Gläubigern.

Insolvenzverfahren

Sammelbegriff für gerichtliche Konkurs- und Vergleichsverfahren.

Institutionelle Anleger, Institutionen

Bezeichnung für Teilnehmer am Börsengeschehen, die hohen Anlagebedarf haben und umfangreiche Portfolios verwalten, zum Beispiel Investmentfonds, Pensionskassen, Bausparkassen, Versicherungen usw.

Interest Rate Futures

→ Zins-Terminkontrakte.

Interimsdividende

Zwischendividende, die bereits während des Geschäftsjahrs ausgeschüttet wird. In den USA sind Interimsdividenden in Form von Quartalsdividenden allgemein üblich, wodurch die Gesamtausschüttung des Jahres in vier üblicherweise gleich großen Teilen erfolgt.

Intermarkt-Analyse

Bereich der Wertpapier- und Finanzanalyse, der sich mit der wechselseitigen Beeinflussung verschiedener Marktsektoren beschäftigt. Die vier Hauptsektoren sind Anleihen, Aktien, Rohstoffe und Währungen. Prämisse der Intermarkt-Analyse ist es, dass weltweit sämtliche organisierten Kapitalmärkte miteinander in Beziehung stehen und eine Veränderung in einem Bereich alle anderen Bereiche ebenfalls betrifft. Erforscht werden nicht nur die Einflussfaktoren selbst, sondern auch die Veränderungen ihrer Auswirkungen im Lauf der Börsengeschichte, zum Beispiel der Einfluss der Zinsentwicklung auf die Aktienmärkte oder des US-Dollars auf die Rohstoffpreise. Dieses noch recht junge Forschungsgebiet hat rasch an Beachtung gewonnen.

Inventarwert

→ Net Asset Value.

Inverse Zinsstruktur

Bezeichnung für eine Situation, in der die Umlaufrenditen von Anleihen tendenziell umso höher liegen, je kürzer ihre Restlaufzeit ist. Die inverse Zinsstruktur ist gewissermaßen die Umkehrung der normalen Situation am Kapitalmarkt: Je länger die Laufzeit, desto höher – bei gleicher Bonität des Schuldners – liegt die Anleihenrendite.

Investmentfonds

→ Fonds.

Investment Grade

Bezeichnung für festverzinsliche Wertpapiere, die eine gute Bonität aufweisen und somit »Investmentqualität« haben. Der Begriff wird häufig in Abgrenzung zu Junk Bonds verwendet. Als Untergrenze für Investment-Grade-Anleihen gilt ein Rating von BBB- (Standard & Poor's) beziehungsweise Baa3 (Moody's).

Intraday-Chart

Chart, der den Kursverlauf eines bestimmten Handelstages detailliert abbildet. Intraday-Charts spielen vor allem für extrem kurzfristige Investments eine Rolle und dienen der Ableitung von Handelssignalen an den Futures-, Options- und Aktienmärkten.

IPO

Initial Public Offering. Der Begriff bezeichnet die erstmalige Ausgabe neuer Wertpapiere, zum Beispiel Aktien, Genussscheine oder Anleihen. Meist versteht man unter IPO jedoch das Angebot zur Zeichnung von Aktien, wenn ein Unternehmen an die Börse geht.

ISIN

Zwölfstelliger Code zur eindeutigen Kennzeichnung von Wertpapieren, der deren internationalen Handel erleichtern soll, indem er nationale Kennungssysteme wie die deutsche Wertpapier-Kennnummer oder die schweizerische Valorennummer ablöst. Der ISIN-Code beginnt mit zwei Buchstaben, die als Länderbezeichnung dienen, zum Beispiel DE für Deutschland, US für die USA, AT für Österreich oder GB für Großbritannien. Die folgenden neun Ziffern dienen der eindeutigen Bezeichnung des Wertpapiers, die zwölfte Ziffer ist eine Prüfziffer, anhand derer das Codesystem eventuelle Fehler erkennt. Bei deutschen Wertpapieren entsprechen die vierte bis neunte Ziffer in der Regel der deutschen Wertpapier-Kennnummer. So lautet zum Beispiel die Wertpapier-Kennnummer der Aktie der Deutschen Bank 514000. Der ISIN-Code lautet DE0005140008.

Island Reversal

→ Inselumkehr.

J

Jahresabschluss

Der unter anderem im Geschäftsbericht veröffentlichte Jahresabschluss umfasst die Bilanz und die Gewinn-und-Verlust-Rechnung eines Unternehmens sowie einen Anhang mit Erläuterungen. Bei der AG wird der Jahresabschluss vom Vorstand aufgestellt, vom Aufsichtsrat überprüft und von einem staatlich vereidigten Wirtschaftsprüfer auf seine Ordnungsmäßigkeit geprüft (testiert).

Jährliches Aufgeld

→ Aufgeld pro Jahr.

Jüngste Aktien

Führt eine Aktiengesellschaft in einem Geschäftsjahr zwei Kapitalerhöhungen durch, so werden die zuletzt emittierten Aktien im Gegensatz zu denen aus der ersten Kapitalerhöhung (junge Aktien) als jüngste Aktien bezeichnet.

Junge Aktien, Neue Aktien

Bei der Kapitalerhöhung einer AG neu ausgegebene Aktien. In der Regel werden junge Aktien nach der auf die Emission folgenden Dividendenausschüttung den alten Aktien gleichgestellt und verschwinden daher vom Kurszettel.

Junk Bonds

»Müllanleihen«. Bezeichnung für festverzinsliche Wertpapiere mit sehr schlechter Bonität, die mit hohen Renditen locken, wobei allerdings die pünktliche Zinszahlung und erst recht die Rückzahlung des Kapitals äußerst unsicher erscheinen.

K

Käufermarkt

Bezeichnung für eine Situation an der Börse, die sich durch einen Überhang des Angebots gegenüber der Nachfrage auszeichnet. Die potenziellen Käufer sitzen somit am längeren Hebel, und die Kurse zeigen per saldo eine sinkende Tendenz.

Kanallinie

Begriff aus der technischen Analyse. In einem Trendkanal ist die Kanallinie die Parallele zur Trendlinie.

Kapital

Oft in unterschiedlicher Bedeutung gebrauchter Begriff. Umgangssprachlich oft fälschlicherweise mit Geld oder Vermögen gleichgesetzt. Volkswirtschaftlich einer der drei Produktionsfaktoren neben Boden und Arbeit. Betriebswirtschaftlich der Gesamtwert aller Güter, mit denen ein Unternehmen arbeitet (Summe aus Eigenkapital und Fremdkapital).

Kapitalanlage

Umgangssprachlich ein Synonym für Geldanlage. Man versteht darunter die langfristige Anlage von Kapital zum Zweck der Werterhaltung einerseits und zur Erzielung einer möglichst hohen Rendite andererseits.

Kapitalerhöhung, Grundkapitalerhöhung

Maßnahme zur Finanzierung der AG durch Erhöhung des Grundkapitals.

Kapitalerhöhung aus Gesellschaftsmitteln

Erhöhung des Grundkapitals durch Umwandlung von Rücklagen. Der Aktiengesellschaft fließt – im Gegensatz zur ordentlichen Kapitalerhöhung –

somit kein neues Kapital zu, es erfolgt lediglich eine Umschichtung von Bilanzpositionen. Die Aktionäre erhalten neue Aktien (Berichtigungsaktien, Gratisaktien), ohne Einzahlungen leisten zu müssen. Sinn der Kapitalerhöhung aus Gesellschaftsmitteln ist es, das haftende Eigenkapital in ein angemessenes Verhältnis zu den Rücklagen zu bringen. Ein Nebeneffekt ist die Kurssenkung der Aktie: Bei einer Erhöhung im Verhältnis 4 : 1 sinkt der Aktienkurs rein rechnerisch um 20 Prozent, da die AG nach der Kapitalerhöhung aus Gesellschaftsmitteln ja ebenso viel »wert« ist wie zuvor. Insofern ist auch der Begriff Gratisaktie irreführend: Der Aktionär bekommt nichts geschenkt, da er die neuen Aktien indirekt durch den rechnerischen Wertverlust der alten Aktien bezahlt.

Kapitalerhöhung, bedingte

Kapitalerhöhung nach §§ 192–201 Aktiengesetz. Sie wird nur insoweit durchgeführt, als von Umtausch- oder Bezugsrechten Gebrauch gemacht wird, die die AG auf die neuen Aktien einräumt. Sie ist vorgesehen für die Gewährung von Umtauschrechten der Inhaber von Wandelanleihen und Optionsanleihen, zum Umtausch von Aktien einer Gesellschaft gegen die einer anderen, zur Vorbereitung einer Fusion und zur Gewinnbeteiligung von Arbeitnehmern durch Ausgabe von Belegschaftsaktien.

Kapitalerhöhung, ordentliche

Nach §§ 182–191 Aktiengesetz die Kapitalerhöhung gegen Einlagen. Zu einem festgesetzten Emissionspreis werden neue (junge) Aktien ausgegeben. Die Aktionäre sind gemäß ihrem bisherigen Anteil am Grundkapital zum Bezug der neuen Aktien berechtigt (Bezugsrecht). Das Grundkapital der AG erhöht sich entsprechend.

Kapitalflucht

Übertragung von Kapital ins Ausland aufgrund politischer Veränderungen, massiver Besteuerung oder dem Wunsch nach Sicherheit und Rentabilität.

Kapitalmarkt

Markt für Beteiligungskapital und langfristige Kredite. Der organisierte Kapitalmarkt der Banken und Börsen umfasst sowohl den Aktien- als auch den Rentenmarkt. Die Aufgabe der Börsen ist nicht die Kapitalbildung, sondern die Gewährleistung eines funktionierenden Handels.

Kapitalmarktpapiere

Wertpapiere, die am Kapitalmarkt gehandelt werden. Die wichtigsten Kapitalmarktpapiere sind Aktien und Anleihen.

Kapitalmarktzins

Für die Überlassung langfristiger Kredite zu entrichtender Zins.

Kappa

Kennzahl zur Optionspreisbewertung. Sie gibt an, wie stark sich eine Veränderung der Volatilität des Basisobjekts auf die Optionsprämie auswirkt. Die Angaben erfolgen in Prozent. Steigt zum Beispiel die Volatilität des DAX-30 um ein Prozent, so verändert sich bei einem Kappa von 0,5 der Kurs eines DAX-Optionsscheins um 0,50 Euro.

Karabiner-Optionsschein

Optionsschein mit variablem Basispreis. Neben dem bei der Emission festgelegten Basispreis gibt es bestimmte Kursniveaus, bei deren Erreichen der Basispreis auf das Niveau dieser »Sprossen« adjustiert wird, ähnlich wie ein Bergsteiger die einmal erreichte Höhe absichert, indem er einen Karabiner in die Felswand einhängt. Dem Inhaber wird zeitgleich die Differenz zwischen dem alten und dem neuen Basispreis gutgeschrieben. Die Auszahlung erfolgt, je nach Optionsbedingungen, sofort nach Erreichen des neuen Basispreises oder kumuliert am Ende der Laufzeit.

Kassahandel

Im Gegensatz zum Terminhandel, bei dem Abschluss und Erfüllung von Geschäften zeitlich auseinander liegen, umfasst der Kassahandel alle Börsengeschäfte, die »unmittelbar«, das heißt innerhalb einer Frist von zwei Tagen, zu erfüllen sind. Innerhalb dieser Frist müssen sowohl die Stückelieferung beziehungsweise die Gutschrift als auch die Bezahlung erfolgen.

Kassakurs

Kursfeststellung derjenigen Wertpapiere, für die börsentäglich nur ein Kurs bestimmt wird (Einheitskurs), oder für diejenigen Aufträge in variabel notierten Wertpapieren, die den festgesetzten Mindestschluss (Mindeststückzahl) nicht erreichen. Hat an deutschen Börsen keine Bedeutung mehr.

Kassavereine

→ Wertpapier-Sammelbanken.

Kaufsignal

Begriff aus der technischen Wertpapieranalyse. Zeigt der Kurs einen bestimmten Verlauf, durchbricht er etwa einen Widerstand, einen gleitenden Durchschnitt oder bildet eine bestimmte Formation aus, so entsteht ein Kaufsignal.

Kaufoptionsschein

→ Call Warrant.

KBV

→ Kurs-Buchwert-Verhältnis.

KCV

→ Kurs-Cashflow-Verhältnis.

Key Reversal Day (Ein Tages-Umkehr, Schlüsselumkehr)

Ein-Tages-Kursformation, die im Rahmen der technischen Analyse als Zeichen für eine Trendumkehr interpretiert wird. In einem Aufwärtstrend kommt es zu einem Eröffnungskurs auf einem neuen Hoch, und der Tagesschlusskurs liegt unter dem Tief des Vortags. Entsprechend sieht es in einem Abwärtstrend aus: Der Kurs eröffnet auf einem neuen Tief und schließt über dem Hoch des Vortags.

KGV

→ Kurs-Gewinn-Verhältnis.

Kick-out-Schwelle

Knock-out-Schwelle.

Knapp behauptet

Tendenzbezeichnung an Börsentagen mit kleinen Verlusten von durchschnittlich nicht mehr als etwa einem halben Prozent.

Knock-in-Zertifikat

Sonderform eines Discount-Zertifikats, die im Vergleich zu normalen Discount-Zertifikaten einen geringeren Kursabschlag (Discount), dafür aber ein zusätzliches Sicherheitspolster gewährt. Das Zertifikat ist mit einer Kursobergrenze (Cap) ausgestattet. Wird dieses Kursniveau während der Laufzeit vom Underlying erreicht oder überschritten, und notiert das Underlying am Bewertungsstichtag unterhalb des Cap, so wird das Underlying dem Anleger angedient. Geschieht dies nicht, dann erhält er am Laufzeitende eine Rückzahlung in Höhe des Cap.

Knock-out-Optionsschein

Optionsschein, der mit einer Knock-out-Schwelle ausgestattet ist. Erreicht der Kurs des Basisobjekts ein bestimmtes Niveau, sodass diese Schwelle über- beziehungsweise unterschritten wird, verfällt der Optionsschein wertlos. Wird diese Schwelle nicht verletzt, verhält sich der Knock-out-Optionsschein wie ein ganz normaler Warrant, ist aber bei der Emission und meist auch während der Laufzeit wegen des Risikos eines Totalverlusts deutlich billiger als dieser.

Knock-out-Schwelle (Kick-out-Schwelle)

Kursniveau, bei dessen Unter- beziehungsweise Überschreitung ein Knock-out-Optionsschein und ein Knock-out-Zertifikat wertlos verfallen.

Knock-out-Zertifikat

Derivatives Finanzprodukt, das die Spekulation auf deutliche Kursbewegungen mit kleinem Einsatz erlaubt. Von den Emittenten werden Knock-out-Zertifikate zur Spekulation auf steigende und auf fallende Kurse angeboten. Unter- beziehungsweise überschreitet der Kurs des Underlying ein bestimmtes Niveau (Knock-out-Schwelle), so verfällt das Zertifikat sofort wertlos. Ein Totalverlust für den Anleger ist die Folge. Einige Knock-out-Zertifikate sind allerdings mit einer zweiten Schwelle (Stopp-Loss-Schwelle) ausgestattet. Wird sie während der Laufzeit erreicht, so verbleibt dem Anleger ein bestimmter Rückerstattungsbetrag, sollte die Knock-out-Schwelle ausgelöst werden.

Kombizinsanleihe

Festverzinsliches Wertpapier, bei dem zunächst keine, später aber überdurchschnittlich hohe Zinsen gezahlt werden. Kombizinsanleihen werden zumeist so konstruiert, dass sie für die anvisierte Investorengruppe steuerliche Vorteile bieten.

Konkurs

→ Insolvenz.

Konkursverfahren

Zwangsverfahren über das Vermögen eines zahlungsunfähigen Schuldners. Bei der Aktiengesellschaft kommt als Konkursgrund noch die Überschuldung (Überwiegen der Schulden über das Vermögen) hinzu. Zweck des Konkursverfahrens ist die gerechte und gleichmäßige Verteilung des noch verbliebenen Schuldnervermögens auf die Gläubiger zum Zweck einer möglichst vollständigen Befriedigung der Gläubigeransprüche.

Konkurswerte

Bezeichnung für noch börsennotierte Aktien in Konkurs geratener Aktiengesellschaften. Konkurswerte sind oft das Objekt wilder Spekulationen und neigen daher zu heftigen Kursausschlägen nach oben und unten, obwohl sie im eigentlichen Wortsinn »wertlos« sind.

Konservative Anlagestrategie

Im Gegensatz zur spekulativen Anlagestrategie stehen bei der konservativen Geldanlage Sicherheit und stabile Rendite im Vordergrund. Weniger der Erwerb als das Bewahren eines Vermögens ist das Anlageziel. Der konservative Investor meidet daher Wertpapiere mit hohen Verlustrisiken. Neben Immobilien setzt er vor allem auf festverzinsliche Wertpapiere mit erstklassiger Bonität und auf internationale Standardaktien. Bei der Geldanlage in Aktien geht es dem konservativen Anleger nicht um die Realisierung schneller Kursgewinne, sondern um einen Vermögenszuwachs durch langfristige Wertsteigerung der Aktien. Aus demselben Grund bevorzugt der konservative Investor Aktien, die überdurchschnittliche Dividendenrenditen abwerfen und sich seit vielen Jahren durch stetig steigendes Ertragswachstum auszeichnen. Gegenüber der spekulativen Anlagestrategie zeichnen sich konservative Formen der Geldanlage nicht zuletzt durch den wesentlich längeren Zeithorizont der einzelnen Investitionen aus. Die Begrenzung von Verlustrisiken ist zwar auch für den konservativen Anleger wichtig, doch sichert er sich schon durch sorgfältige Auswahl möglichst risikoarmer Anlageobjekte gegen allzu schwer wiegende Einbußen ab.

Konsolidierung

Eigentlich die Umwandlung von kurzfristigen in langfristige Schulden, etwa durch Emission einer Anleihe zur Ablösung von Bankverbindlichkeiten. Im Börsensprachgebrauch ist mit Konsolidierung eine Stabilisierung der Kursentwicklung von Wertpapieren in Reaktion auf vorangegangene starke Kursbewegungen gemeint.

Konsumwerte

Bezeichnung für die Aktien der Hersteller von Konsumartikeln wie Haushaltsbedarf, Nahrungsmittel, Kosmetik usw. Die Konsumwerte gehören aufgrund ihrer relativen Unempfindlichkeit gegen konjunkturelle Schwankungen – Motto: Gegessen wird immer – zu den nichtzyklischen Aktien.

Konzern

Verbund von Unternehmen, die trotz rechtlicher Selbstständigkeit aufgrund gegenseitiger Beteiligungen oder Verträgen unter einheitlicher Leitung stehen.

Fälschlicherweise wird die Bezeichnung umgangssprachlich auch als Synonym für als besonders groß und einflussreich erachtete Unternehmen gebraucht.

Korridor-Optionsscheine (Hamster-Optionsscheine)

Mit einer festgelegten Kursspanne ausgestattete Optionsscheine. Für jeden Tag, an dem sich der Kurs des Basisobjekts innerhalb dieser Spanne aufhält, wird dem Inhaber ein bestimmter Geldbetrag gutgeschrieben, der auch dann nicht verfällt, wenn das Basisobjekt diese Kursspanne vorübergehend oder dauerhaft verlässt.

Kreditwürdigkeit

Synonym für Bonität. Die Kreditwürdigkeit bezeichnet Fähigkeit und Willen eines Anleihenschuldners, seinen Verpflichtungen zu Zinszahlungen und zur Rückzahlung des geschuldeten Betrags nachzukommen.

Kulisse

Bezeichnung für den berufsmäßigen Handel von Maklern und Kreditinstituten, sofern sie nicht im Kundenauftrag, sondern für eigene Rechnung Wertpapiere kaufen und verkaufen.

Kumulative Dividende

»Angehäufte« Dividendenansprüche bei Vorzugsaktien ohne Stimmrecht. Die Inhaber dieser Aktien haben Anspruch auf eine Mindestdividende, die in späteren Jahren nachzuzahlen ist, falls ein oder mehrere Jahre keine Ausschüttung erfolgte. Die kumulierte Mindestdividende muss an die Vorzugsaktionäre ausbezahlt werden, bevor eine Dividendenausschüttung an die Stammaktionäre erfolgt.

Kumulative Vorzugsaktie

Vorzugsaktie, in der Regel ohne Stimmrecht, mit Anspruch auf Dividendennachzahlung (Kumulative Dividende).

Kündigungsrecht

Bezeichnung für das in den Emissionsbedingungen festgelegte Recht des Emittenten, Endlos-Zertifikate zu bestimmten Terminen kündigen und den Inhabern der Papiere den → Fair Value auszahlen zu können. Beabsichtigt ein Emittent, das Kündigungsrecht in Anspruch zu nehmen, so muss er dies in der Regel ein bis zwei Jahre zuvor ankündigen. Näheres dazu findet sich in den Emissionsbedingungen der jeweiligen Zertifikate.

Kurs

Oft anstelle von Kurswert gebrauchte Bezeichnung für den aktuellen Preis eines Wertpapiers, einer Devise oder einer Ware an der Börse.

Kurs-Buchwert-Verhältnis (KBV)

Aktienkurs dividiert durch den anteiligen Buchwert pro Aktie. Wichtige Kennzahl zur Bewertung der Substanzstärke eines Unternehmens, die vor allem von Anhängern der antizyklischen Anlagestrategie stark beachtet wird. Etliche wissenschaftliche Studien weisen darauf hin, dass die Auswahl von Aktien mit niedrigem Kurs-Buchwert-Verhältnis langfristig zu weit überdurchschnittlichen Renditen führt.

Kurs-Cashflow-Verhältnis (KCV)

Aktienkurs dividiert durch den anteiligen Cashflow pro Aktie. Wichtige Kennzahl zur Bewertung der Finanz- und Ertragskraft eines Unternehmens.

Kursformation

→ Formation.

Kursgewinn

Neben den laufenden Erträgen wie Dividenden oder Zinsen die zweite Möglichkeit, mit Wertpapieren Geld zu verdienen. Von Kursgewinnen spricht man, wenn Wertpapiere zu einem niedrigeren als dem aktuellen Kurs gekauft wurden.

Kurs-Gewinn-Verhältnis (KGV)

Die wohl meistbeachtete Kennzahl der fundamentalen Aktienanalyse. Das KGV errechnet sich aus dem aktuellen Börsenkurs, dividiert durch den für ein bestimmtes Jahr ausgewiesenen oder von Wertpapieranalysten erwarteten Gewinn pro Aktie. Je niedriger das KGV, desto preiswerter ist – unter Ertragsgesichtspunkten – eine Aktie. Ein Vergleich anhand des KGV ist jedoch nur bei Papieren derselben Branche wirklich aussagekräftig, denn manche Branchen haben traditionell ein weitaus höheres KGV als andere.

Kursindex

Aktienindex, in dessen Berechnung lediglich die Kursentwicklung der darin enthaltenen Aktien eingeht, nicht aber Dividenden und andere Ausschüttungen. Gegensatz: Performance-Index. Der weltweit bekannteste Kursindex ist der Dow Jones Industrial Average, der auch insofern eine Sonderstellung einnimmt, als er nicht wie die meisten anderen Aktienindizes nach Marktkapitalisierung gewichtet ist.

Kursmakler

Auf Vorschlag des Börsenvorstands von der Börsenaufsichtsbehörde amtlich bestellter und vereidigter Handelsmakler, der an der amtlichen Feststellung von Börsenkursen mitwirkt. Eigengeschäfte sind ihm nicht oder nur in sehr begrenztem Umfang gestattet.

Kurspflege, Kursstützung

Manipulation des Börsenkurses eines bestimmten Wertpapiers oder einer Währung nach oben. Kurspflege durch stützende Käufe erfolgt zum Beispiel meist, wenn eine Fremdwährung gegenüber der eigenen Landeswährung massiv an Wert verliert.

Kurs-Umsatz-Verhältnis (KUV)

Aktienkurs dividiert durch den anteiligen Umsatz pro Aktie. Diese Kennzahl der Fundamentalanalyse wird vor allem bei Aktien aus zyklischen Branchen stark beachtet, die deutliche Kursverluste hinter sich haben. Der Gedanke dahinter: Wenn ein Unternehmen einen konjunkturbedingten

Gewinneinbruch erlitten, in puncto Umsatz aber Stabilität bewiesen hat, dann stehen die Chancen gut, dass die betreffende Aktie beim nächsten Aufschwung überdurchschnittlich profitieren wird.

Kurswert

Im Gegensatz zum Nennwert bezeichnet der Kurswert denjenigen Preis, zu dem ein Wertpapier aktuell an der Börse gehandelt wird.

Kurszusätze

Zusätzliche Erläuterungen zum Kurswert eines Wertpapiers, die über Einzelheiten der Kursfeststellung oder der Angebot-Nachfrage-Situation informieren sollen. Zum Teil werden in der Tages- und Wirtschaftspresse unterschiedliche Bezeichnungen und Kürzel für bedeutungsidentische Kurszusätze verwendet.

Die Kurszusätze im Einzelnen:

b oder **ohne Zusatz:** Angebot und Nachfrage waren ausgeglichen. Außer den nicht limitierten Aufträgen wurden auch alle zum beziehungsweise über dem genannten Kurs limitierten Kauforders und alle zum oder unter dem Kurs limitierten Verkaufsorders durchgeführt. Anstelle des Kurszusatzes »b« steht in manchen Publikationen auch »bz« oder »bez«. Entsprechendes gilt für die Kurszusätze »bG« und »bB«.

B: Brief. Zum genannten Kurs lag lediglich Angebot in dem betreffenden Wertpapier vor, dem jedoch keine Nachfrage gegenüberstand. Es fanden keine Umsätze statt.

G: Geld. Es lag nur Nachfrage vor. Kein Angebot und keine Umsätze zum angegebenen Kurs.

bB: bezahlt Brief. Zum genannten Kurs fanden Umsätze statt. Es gab jedoch noch zusätzliches Angebot, für das sich zu diesem Kurs kein Käufer fand.

ebB: etwas bezahlt Brief. Zum genannten Kurs fanden nur kleinere Umsätze statt. Es gab jedoch noch zusätzliches Angebot, für das sich zu diesem Kurs kein Käufer fand.

bG: bezahlt Geld. Es gab beim angegebenen Kurs Umsätze und darüber hinaus zusätzliches Kaufinteresse ohne entsprechendes Angebot.

ebG: etwas bezahlt Geld. Es gab beim angegebenen Kurs kleine Umsätze und darüber hinaus zusätzliches Kaufinteresse ohne entsprechendes Angebot.

- B: gestrichen Brief. Es lagen lediglich Billigst-Verkaufsorders von, keine Nachfrage.

- G: gestrichen Geld. Ausschließlich Bestens-Kaufaufträge, kein Angebot.

T: Taxkurs, taxiert. Kein Umsatz. Kurs vom Kursmakler taxiert, d.h. näherungsweise geschätzt.

r, rat oder **rep:** Rationiert beziehungsweise repartiert. Es erfolgte eine beschränkte Zuteilung: Aufträge konnten nicht in Höhe der von den Auftraggebern gewünschten Stückzahlen ausgeführt werden. R, rat und rep kommen häufig in Kombination mit den Kurszusätzen »bB« und »bG« vor.

D, ex D: ex (ohne) Dividende. Kurszusatz am Tag des Dividendenabschlags. Die Dividende für das vergangene Geschäftsjahr beziehungsweise eine Interimsdividende ist bereits ausgeschüttet und nicht mehr im Kurswert der Aktie »enthalten«.

exB, ex B: ex (ohne) Bezugsrecht. Ab diesem Börsentag wird die Aktie ohne Bezugsrecht gehandelt.

au, ausg.: ausgesetzt. Die Aktie war am betreffenden Handelstag vom Börsenhandel suspendiert, es fand kein Handel statt.

Kurzläufer

Gängige Bezeichnung für Anleihen mit kurzer Restlaufzeit bis etwa drei Jahren. Wird zuweilen auch für Anleihen gebraucht, die mit kurzer Laufzeit emittiert werden.

KUV

→ Kurs-Umsatz-Verhältnis.

Kux

Urkunde, die einen Anteil an einer bergrechtlichen Gewerkschaft verbrieft. Nicht nur die Urkunden, auch die Anteile selbst werden als Kuxe bezeichnet. Im Wertpapierhandel ist die Bedeutung der Kuxe geschwunden, weil die Rechtsform der bergrechtlichen Gewerkschaft fast ausnahmslos durch die Rechtsform der Aktiengesellschaft ersetzt wurde. Große Bedeutung haben die künstlerisch oft sehr aufwändig gestalteten Kuxe früherer Jahrzehnte und Jahrhunderte jedoch nach wie vor auf dem Gebiet der Nonvaleurs.

L

Ladder-Optionsschein (Ladder-Warrant)

Bei dieser Optionsschein-Variante verändert sich der bei der Emission festgelegte Basispreis, sobald das Basisobjekt ein bestimmtes Kursniveau erreicht. In diesem Fall wird der neue Basispreis auf diesem Niveau fixiert, dem Anleger wird die Differenz zwischen altem und neuem Basispreis unwiderruflich gutgeschrieben. Je nach Optionsbedingungen erfolgt die Auszahlung sofort nach Erreichen des neuen Basispreises oder am Ende der Laufzeit.

Länderanleihen

Festverzinsliche Schuldverschreibungen der Bundesländer.

Länderfonds

Sonderform des Investmentfonds. Vertragsbedingungen von Länderfonds sehen die ausschließliche oder überwiegende Investition des Fondsvermögens in Wertpapieren bestimmter Länder vor. An deutschen Börsen finden vor allem die geschlossenen Länderfonds große Beachtung, die quasi wie Aktien gehandelt werden (zum Beispiel GT Chile Growth Fund, Thai Fund u.a.). Sie bieten den Vorteil, dass der Anleger sich via Fondskauf an Wertpapiermärkten engagieren kann, wo der direkte Kauf von Einzelaktien nicht oder schwer möglich oder zumindest mit sehr hohen Gebühren verbunden ist. Bei der Bewertung von geschlossenen Länderfonds wird stets angegeben, ob der aktuelle Kurswert eines Fondsanteils über dem anteiligen Wert des Fondsvermögens liegt oder darunter. Im ersteren Fall spricht man von einer zu zahlenden Prämie, in letzterem von einem Discount, zu dem der Fondsanteil gehandelt wird.

Länderrisiko

Bezeichnung für das Risiko eines Anleihengläubigers, dass ein ausländischer Schuldner trotz Zahlungsfähigkeit die fälligen Zins- und Tilgungszahlungen überhaupt nicht oder zumindest nicht fristgerecht leisten kann, weil es in dem betreffenden Land an Transferfähigkeit oder -bereitschaft fehlt. Grund dafür können mangelnde Währungsreserven sein (wirtschaftliches Länderrisiko), aber auch die politisch bedingte Unwilligkeit oder Unfähigkeit zu Transferleistungen, etwa bedingt durch Umsturz oder sonstige schwer wiegende Veränderungen der Herrschaftsverhältnisse (politisches Länderrisiko). Neben der Prüfung der individuellen Bonität des Anleihenschuldners hat ein Anleger in ausländischen festverzinslichen Wertpapieren auch das Länderrisiko in seine Überlegungen einzubeziehen.

Landeszentralbanken

Hauptverwaltungen der Deutschen Bundesbank in den einzelnen Bundesländern. Ihnen obliegt die Durchführung der in ihren jeweiligen geographischen Bereich fallenden Verwaltungsangelegenheiten und Geschäfte. Die Präsidenten der Landeszentralbanken sind Mitglieder des Zentralbankrats der Deutschen Bundesbank.

Langläufer

Gängige Bezeichnung für Anleihen mit langer Restlaufzeit. Wird zuweilen für Papiere mit mehr als zehn, manchmal auch für Anleihen mit mehr als 15 Jahren Restlaufzeit gebraucht.

Laufzeit

Zeitraum zwischen der Emission einer Anleihe und ihrer Rückzahlung (Tilgung). Bei Optionsscheinen gibt die Laufzeit den Zeitraum an, währenddessen der Inhaber sein Optionsrecht ausüben kann (Ausnahme: europäisches Optionsrecht).

Leasing-Fonds

Neuartige Investmentfonds-Variante. Der Anleger finanziert Leasing-Objekte (meist Gewerbeimmobilien oder Verwaltungsgebäude) mit und ist je nach seiner Anteilsquote an den Einnahmen beteiligt, die aus langfristigen Leasingverträgen erwachsen. Da der Anleger steuerlich wie ein wirtschaftlicher Eigentümer der Immobilie behandelt wird, kann er Aufwendungen steuersparend geltend machen. Die Gesamtrendite aus Einnahmen und Steuerersparnis hängt davon ab, welcher Steuerprogressionsstufe der Anleger unterliegt. Bei hoher Progression kann die Rendite von Leasing-Fonds die von festverzinslichen Wertpapieren deutlich übertreffen.

Leerverkauf

Vor allem in den USA verbreitete Technik zur Spekulation auf fallende Wertpapierkurse. Der Verkäufer veräußert Papiere, die er zum Zeitpunkt des Verkaufs nicht besitzt, sondern in der Regel von einem Broker geliehen hat, in der Hoffnung, sie später zu einem niedrigeren Kurs zurückkaufen zu können und damit einen Gewinn zu realisieren. Das Risiko des Leerverkäufers ist dabei beträchtlich, theoretisch sogar unbegrenzt hoch, da das betreffende Wertpapier ja ad infinitum steigen könnte.

Leitbörse

Börse, deren Kursentwicklung andere Börsen deutlich beeinflusst. Als wichtigste internationale Leitbörse gilt die NYSE (New York Stock Exchange).

Leitwährung

Währung von weltweiter Bedeutung, in der internationale Geschäfte abgewickelt und Warenpreise ermittelt werden. Spätestens seit dem Zweiten Weltkrieg hat der US-Dollar das Pfund Sterling als wichtigste Leitwährung abgelöst. Der Euro hat sich vor allem im Zug der Dollar-Schwäche 2003/2004 ebenfalls zu einer bedeutenden Leitwährung entwickelt.

Leitzinsen

Oft gebrauchte Sammelbezeichnung für Diskontsatz und Lombardsatz. Die Leitzinsen sind die wichtigsten Instrumentarien der Zentralbank zur Regulierung der Geld- und Kreditversorgung einer Volkswirtschaft.

Leveraged Buy-out

Mit Hilfe hoher Kredite finanzierter Kauf eines Unternehmens durch eine Gruppe von Investoren. Die Kreditverbindlichkeiten werden durch Einnahmen des Unternehmens oder durch dessen Zerschlagung und den Verkauf einzelner Unternehmensteile abgebaut. Falls der tatsächliche Wert des Unternehmens – eventuell nach einer umfassenden Reorganisation – beziehungsweise der Verkaufserlös aus den einzelnen Unternehmensteilen über den durch Zinszahlungen und Kredittilgung entstehenden Kosten liegt, macht die Investorengruppe Gewinn.

Leverage-Effekt

→ Hebel.

LIBOR

London Interbank Offered Rate. Kurzfristiger Zinssatz, zu dem Banken am Londoner Geldmarkt einander Einlagen überlassen beziehungsweise Geldmarktkredite aufnehmen können.

LIFFE

London International Financial Futures Exchange. Eine der bedeutendsten Finanzterminbörsen.

Limitierung

Kursbegrenzung bei Börsenaufträgen. Ein Limit legt fest, dass ein Kaufauftrag nicht oberhalb, ein Verkaufsauftrag nicht unterhalb eines festgelegten Kurses ausgeführt werden soll. Der Anleger kann sich durch die Erteilung eines Limits vor unvorhergesehenen Kursturbulenzen und Übervorteilung bei marktengen Papieren schützen.

Linienchart

In der technischen Analyse verwendete Form der grafischen Darstellung einer Kurs- oder Preisentwicklung über die Zeit. Im Gegensatz zum Balkenchart werden hier nicht die täglichen, wöchentlichen oder monatlichen Kursspannen mit Eröffnungs- und Schlusskursen abgebildet, sondern lediglich die Schlusskurse über einen bestimmten Zeitraum. Der Chart hat die Form einer Kurskurve und eignet sich aufgrund seiner besseren Übersichtlichkeit im Vergleich zum Balkenchart vor allem für die vergleichende Darstellung mehrerer Preisentwicklungen im selben Zeitraum. Aus diesem

Grund wird er vor allem bei der vergleichenden Performance-Analyse und in der Intermarket-Analyse eingesetzt.

Liquidation

Auflösung und Abwicklung eines Unternehmens. Bei der Liquidation einer AG wird das nach Befriedigung der Gläubiger verbleibende Vermögen unter die Aktionäre verteilt. Gründe für die Liquidation einer AG sind der Ablauf der in der Satzung bestimmten Zeit, Beschluss der Hauptversammlung oder die Eröffnung eines Konkursverfahrens über das Vermögen der AG. In letzterem Fall erfolgt die Liquidation, falls das Konkursgericht die Eröffnung des Verfahrens »mangels Masse« ablehnt, also wenn die Konkursmasse die Kosten des Verfahrens nicht deckt.

Liquidationswert

Verkaufswert sämtlicher Vermögensteile eines Unternehmens bei dessen Liquidation.

Liquidität

Die Liquidität bezeichnet die Fähigkeit eines Unternehmens, allen fälligen Zahlungsverpflichtungen fristgerecht nachzukommen.

Lombardgeschäft

Bankkredit gegen Verpfändung von Wertpapieren oder beweglichen Wertgegenständen, zum Beispiel Edelmetallen.

Lombardpolitik

Maßnahmen der Zentralbank zur Regulierung von Kredit- und somit Geldversorgung der Wirtschaft durch Festlegung des Lombardsatzes.

Lombardsatz

Von der Zentralbank festgelegter Zinssatz, zu dem sie Kreditinstituten gegen Verpfändung von Wertpapieren Kredite gewährt. Neben dem Diskontsatz eines der wichtigsten Mittel der Zentralbank zur Regulierung der Kreditversorgung einer Volkswirtschaft.

Long/Short Equity

Eine der wichtigsten Strategien von Hedge Fonds. Durch Käufe und Leerverkäufe verschiedener Aktienpositionen wird versucht, eine von der Gesamtentwicklung des Aktienmarkts unabhängige Rendite zu erzielen. Im Gegensatz zur Market-Neutral-Strategie kann hier durchaus ein Übergewicht auf der Long- oder auf der Short-Seite entstehen.

Lookback-Optionsschein

Optionsschein, dessen Basispreis nicht bei der Emission, sondern erst während der Laufzeit oder an deren Ende festgelegt wird. Auf welchem Niveau der Basispreis fixiert wird, hängt dabei von der Kursentwicklung des Basisobjekts ab. Beim Lookback-Call wird der niedrigste Kurs des Basisobjekts als Basispreis gewählt, beim Lookback-Put der höchste. Der innere Wert eines Lookback-Optionsscheins ist somit die Differenz zwischen dem jeweiligen Kurs des Basisobjekts und dem niedrigsten (Call) und dem höchsten (Put) Kurs des Basisobjekts während des Betrachtungszeitraums.

Low-5

Variante der → Dow-Dividend-Strategie (siehe dort).

Lustlos

Tendenzbezeichnung an Börsentagen mit wenig veränderten Kursen und sehr geringen Umsätzen.

M

M1, M2, M3

→ Geldmenge.

M-Formation

Trendwendeformation aus der technischen Wertpapieranalyse. Der Chart zeigt die Form eines M mit drei auf etwa gleicher Höhe liegenden Tiefen und zwei Spitzen. Die M-Formation zeigt die Wende von einem Aufwärts- zu einem Abwärtstrend an. Ihre Ausbildung sollte sich zumindest über einen Zeitraum von etwa zwei Monaten erstreckt haben.

MACD

Trendfolge-Indikator aus der technischen Wertpapieranalyse. Er beruht auf der Differenz zweier exponentiell geglätteter gleitender Durchschnitte. Diese Differenz wird erneut exponentiell geglättet, wodurch man die so genannte Signallinie erhält. Durchbricht der MACD die Signallinie von unten nach oben, so wird dies als Kaufsignal gewertet. Ein Durchbrechen von oben nach unten gilt als Verkaufssignal.

Makler

→ Börsenmakler, → Kursmakler.

Maklergebühr

→ Courtage.

Management Fee

Von Investmentfonds und von manchen Emittenten von Basket-Zertifikaten erhobene Verwaltungsgebühr. Bei Zertifikaten wird sie in der Regel zeitanteilig auf den Fair Value abgeschrieben, bei Investmentfonds wird sie in Prozent pro Jahr auf den Anteilswert berechnet.

Mantel

Neben dem Bogen zweiter Bestandteil der Aktienurkunde. Auf dem Mantel sind Unternehmensname, Nennwert und fortlaufende Nummer der betreffenden Aktie angegeben.

Margin

Zur Eröffnung einer Futures-Position erforderliche Zahlungsleistung. Diese liegt in der Regel weit unter dem Wert der dafür erhältlichen Futures-Position. Die Höhe der Margin ist von den Gepflogenheiten an der jeweiligen Börse und von den Geschäftsbedingungen des Brokers abhängig.

Margin Call

Nachzahlungsaufforderung im Rahmen von Termingeschäften oder allgemein bei Wertpapierkäufen auf Kredit. Unterschreitet der Wert der Futures-Position oder der Wertpapiere eine bestimmte Grenze, so wird der Kunde von der Bank oder vom Broker zur Leistung von Nachschusszahlungen aufgefordert. Kommt der Kunde dieser Aufforderung nicht zeitgerecht nach, so wird die Position zwangsverkauft.

Market Maker

Zum Börsenhandel zugelassene Makler oder Finanzhäuser, die sich verpflichtet haben, für die von ihnen betreuten Werte verbindliche An- und Verkaufskurse zu stellen. Vor allem im außerbörslichen Handel mit Optionsscheinen ist ein funktionierendes und faires Market Making Voraussetzung für einen störungsfreien und umsatzstarken Handel.

Market Order

Aus dem Amerikanischen übernommene Bezeichnung für einen unlimitierten Kauf- oder Verkaufsauftrag an der Börse, der zum aktuellen Marktpreis abgewickelt werden soll, also nicht limitiert ist.

Marktenge

Von Marktenge spricht man, wenn es bei bestimmten Wertpapieren regelmäßig zu geringen Börsenumsätzen kommt. Gründe können eine relativ niedrige Marktkapitalisierung, ein geringer Free Float oder eine Kombination aus beiden sein. Bei marktengen Papieren kann es aufgrund der aktuellen Angebot-Nachfrage-Situation zu deutlichen Kursbewegungen kommen, die mit den fundamentalen Daten des Unternehmens wenig oder nichts zu tun haben. Daher sollte man bei solchen Papieren niemals unlimitierte Kauf- oder Verkaufsaufträge erteilen.

Marktkapitalisierung

Gibt den aktuellen Börsenwert eines Unternehmens an. Die Marktkapitalisierung wird durch Multiplikation des Börsenkurses mit der Zahl der ausgegebenen Aktien der betreffenden AG errechnet. Je kleiner die Marktkapitalisierung, desto dünner sind für gewöhnlich auch die täglichen Börsenumsätze der Aktie, was bei der Limitierung von Kauf- und Verkaufsaufträgen berücksichtigt werden sollte.

MATIF

Kürzel für Marché à Terme des Instruments Financiers de Paris. Die 1986 gegründete französische Terminbörse mit Sitz in Paris gehört zu den bedeutendesten ihrer Art in Europa.

McClellan-Oszillator

Von Sherman McClellan entwickelter Oszillator. Er misst die Differenz zwischen einem 19-Tage- und einem 39-Tage-Trend des exponentiell geglätteten gleitenden Durchschnitts der täglichen Advance/Decline-Linie. Dabei gilt es als positives (negatives) Zeichen, wenn die Nulllinie überschritten (unterschritten) wird. Werte von über + 100 (unter –100) zeigen eine überkaufte (überverkaufte) Situation an.

Measuring Gap

→ Fortsetzungslücke.

Mehrstimmrechtsaktien

Aktien, die mehrere Stimmrechte pro Aktie gewähren. In Deutschland nach § 12 Abs. 2 Aktiengesetz unzulässig, mit Ausnahme vom Bundeswirtschaftsministerium zur Wahrung gesamtwirtschaftlicher Interessen genehmigter Ausnahmen. In anderen Ländern sind Mehrstimmrechtsaktien weit verbreitet.

Mengentender

Verfahren zur Platzierung einer Wertpapieremission am Kapitalmarkt. Beim Mengentender werden der Emissionskurs festgelegt und die Verteilung entsprechend der von kaufinteressierten Anlegern georderten Menge vorgenommen. Gegensatz: → Zinstender.

Milchmädchenhausse

Scherzhafte Bezeichnung für den letzten Abschnitt einer allgemeinen Aufwärtsbewegung an den Börsen, wenn breite Bevölkerungsschichten, die sich ansonsten nicht an der Börse engagieren, in der Hoffnung auf immer weiter steigende Kurse Aktien kaufen.

Mindestzeichnung

Die kleinste Stückzahl oder Ordereinheit an Wertpapieren, die vom Emittenten im Rahmen eines IPO – also zum Beispiel beim Börsengang eins Unternehmens – zur Zeichnung angeboten wird. Die Mindestzeichnung kann vom Emittenten individuell festgelegt werden.

Mini-Premium-Optionsschein

Optionsschein-Variante, die mit einer Knock-out-Schwelle ausgestattet ist. Wird dieses Kursniveau vom Basisobjekt erreicht, verfällt der Optionsschein wertlos, und der Inhaber erhält einen in den Optionsbedingungen festgelegten Geldbetrag.

Minusankündigung

Fällt der Kurs einer Aktie im Vergleich zum vorangegangenen Börsentag um mehr als fünf Prozent, so kündigt der Makler dies mit einem Minuszeichen an der Maklertafel an, bei Kursrückgängen von mehr als zehn Prozent mit einem doppelten Minuszeichen. Bei Anleihen betragen die entsprechenden Kursverluste ein und zwei Prozent.

MSCI-Welt-Aktien-Index

Vom US-Investmenthaus Morgan Stanley entwickelter Index, der die globale Entwicklung der Aktienmärkte misst. Neben dem MSCI-Welt-Index gibt es auch MSCI-Erdteil-, -Länder- und -Branchenindizes, die jeweils nach Marktkapitalisierung gewichtet sind.

Mündelsicherheit

Mündelsicher sind als besonders risikoarm erachtete Formen der Geldanlage, in die auch Mündelgeld (das zum Vermögen einer unter Vormundschaft stehenden Person gehörende Geld) investiert werden darf. Neben inländischen Hypotheken, Grund- und Rentenschulden gehören unter anderem auch Pfandbriefe, Bundes- und Länderanleihen zu den mündelsicheren Geldanlagen.

Multi-Asset-Zertifikat

Sonderform des Discount-Zertifikats, die dem Anleger die Partizipation an der Wertentwicklung zweier verschiedener Underlyings (meist zweier Aktien) ermöglicht. Der Preisabschlag fällt höher aus als bei normalen Discount-Zertifikaten, weil auch das Risiko höher ist: Notieren am Bewertungsstichtag nicht beide Underlyings oberhalb des Cap, so kommt es zur Auszahlung desjenigen Underlyings mit dem niedrigeren Wert. Notieren beide über dem Cap, erhält der Anleger den in den Emissionsbedingungen festgelegten maximalen Rückzahlungsbetrag.

N

Nachbörse

Wertpapiergeschäfte nach Ende der offiziellen Handelszeit an der Börse.

Nachgebend

Tendenzbezeichnung an Börsentagen mit durchschnittlichen Kursverlusten von etwa einem halben bis einem Prozent.

Naked Warrant

»Nackter« Optionsschein. Bezeichnung für Optionsscheine, die ohne Optionsanleihe als einzelne Tranche emittiert werden.

Namensaktie

Auf den Namen des Eigentümers lautende Aktie. Die Übertragung erfolgt durch Einigung, Übergabe und schriftliche Abtretungserklärung (Indossament) auf der Rückseite der Aktienurkunde. Vorgesehen ist außerdem die Umschreibung im Aktienbuch der AG. Sonderfall: →Vinkulierte Namensaktie.

Namenspapier

Auf den Namen des Berechtigten (Eigentümers) lautendes Wertpapier.

NASDAQ

National Association of Securities Dealers' Automated Quotation System. Computerisierter Freiverkehrshandel in den USA und inzwischen eine der wichtigsten Börsen der Welt.

NE-Metalle

Gebräuchliche Abkürzung für Nichteisenmetalle, auch Basis- oder Industriemetalle genannt. In Abgrenzung zu Eisen einerseits und zu Edelmetallen andererseits steht der Sammelbegriff für Metalle, die in der industriellen Produktion – zum Beispiel in der Maschinenbau- und Automobilindustrie – eine herausragende Rolle spielen. Die wichtigsten NE-Metalle sind Aluminium, Nickel, Blei, Kupfer, Zink und Zinn. Die Produzenten von NE-Metallen gehören aufgrund der hohen Konjunkturabhängigkeit der Branche zu den Zyklikern.

Nebenwerte

Gängige Bezeichnung für die Aktien junger beziehungsweise kleinerer Unternehmen, die international wenig bekannt sind oder wenig Beachtung finden. Gegensatz: Standardwerte, Blue Chips.

NEMAX

1999 konzipierte Indexfamilie für die am Neuen Markt in Deutschland gehandelten Aktien. Der NEMAX-50 umfasste die 50 Aktien mit der höchsten Marktkapitalisierung, der NEMAX-All-Share-Index sämtliche am Neuen Markt gehandelten Titel. Mit dem Ende des Handelssegments Neuer Markt wurden auch die NEMAX-Indizes abgeschafft.

Nennwert

In Deutschland: Der auf einer Wertpapierurkunde abgedruckte Währungsbetrag. Bei Aktien gibt er den auf eine Aktie entfallenden Anteil am Grundkapital der AG an. In Deutschland lautete der Mindestnennwert von Aktien auf fünf, früher auf 50 DM. Im Zug der Einführung der gemeinsamen europäischen Währung wurde der Mindestnennwert aller Aktien aus dem Euro-Raum jedoch auf einen Euro umgestellt. Inzwischen gibt es auch → nennwertlose Aktien. Bei Anleihen gibt der Nennwert den Betrag an, den der Emittent dem Inhaber der Anleihe schuldet.

Nennwertlose Aktie

Aktie, die nicht auf einen bestimmten, in Währungseinheiten angegebenen Nennwert lautet, sondern auf einen in Prozent ausgedrückten Anteil am Kapital eines Unternehmens.

Net Asset Value

Gesamtwert des Vermögens eines Investmentfonds (Nettoinventarwert). Der Inventarwert je Anteil errechnet sich durch Division des Net Asset Value durch die Stückzahl der ausgegebenen Anteile. Bei offenen Investmentfonds bezeichnet dieser Wert auch den Anteilswert beziehungsweise den Rücknahmepreis.

Nettogewinnmarge

Gewinn eines Unternehmens während eines bestimmten Zeitraums (zum Beispiel Geschäftsjahr oder Quartal), ausgedrückt in Prozent des Umsatzes, wobei die fälligen Steuerzahlungen berücksichtigt sind.

Nettorendite, Nettozinsen

Zinsen beziehungsweise Rendite einer Wertpapieranlage nach Abzug der Steuern.

Neue Aktien

→ Junge Aktien.

Neuer Markt

Am 10. März 1997 gegründetes Handelssegment für wachstumsstarke deutsche Aktien. Im Neuen Markt durften nur Stammaktien emittiert werden, mindestens 50 Prozent des Emissionsvolumens mussten aus einer Kapitalerhöhung stammen, und quartalsmäßige Berichterstattung der Unternehmen war Pflicht. Nach extremen Kursverlusten der meist aus Technologiebranchen stammenden dort gehandelten Aktien wurde das Handelssegment 2003 wieder abgeschafft.

Neunzig-Tage-Linie

Gleitender Durchschnitt. Die 90-Tage-Linie wird aus den durchschnittlichen Kurswerten der jeweils 90 zurückliegenden Börsentage gebildet. Sie gilt in der technischen Wertpapieranalyse als eine der wichtigsten gleitenden Durchschnittslinien. Durchbricht der aktuelle Kurswert die 90-Tage-Linie von unten nach oben, so wird dies als Kaufsignal gewertet. Umgekehrt gilt ein Durchbruch von oben nach unten als Verkaufssignal.

Never Catch a Falling Knife

Alte Börsenweisheit, derzufolge man niemals eine Aktie kaufen sollte, die sich gerade in einem starken Abwärtstrend befindet, selbst wenn der Kurswert verlockend niedrig erscheinen mag. Man könnte damit nämlich »in ein fallendes Messer greifen«, weil der Kurs eventuell noch wesentlich tiefer fällt.

Nichtzyklische Aktien

Aktien von Unternehmen, deren Ertragslage von konjunkturellen Entwicklungen relativ unabhängig ist. Typische nichtzyklische Branchen sind Banken, Versicherungsunternehmen, Pharmazie, Nahrungsmittel- und Haushaltsbedarfshersteller, Brauereien und Produzenten von Erfrischungsgetränken.

Niedrigzinspolitik

Gesamtheit der von einer Notenbank zu ergreifenden Maßnahmen, die dazu geeignet sind, das allgemeine Zinsniveau zu senken oder auf einem bereits zuvor erreichten niedrigen Stand zu halten. Maßnahmen der Niedrigzinspolitik sind die Senkung der Leitzinsen und die Erhöhung zinsgünstiger Refinanzierungskontingente. Ziel der Niedrigzinspolitik ist in erster Linie eine Belebung der Wirtschaft durch Verbilligung der Kredit- und Finanzierungskosten.

Nominalwert

→ Nennwert.

Nominalzins

Vertraglich vereinbarter Zinssatz festverzinslicher Wertpapiere. Wird in Prozent vom Nennwert angegeben.

Nonvaleurs (Historische Wertpapiere)

Nicht mehr an der Börse gehandelte Wertpapiere, die sich jedoch aufgrund ihrer Seltenheit, historischen Bedeutung oder wegen der aufwändigen künstlerischen Gestaltung der Urkunden reger Sammlernachfrage erfreuen.

Die höchsten Preise erzielten in den vergangenen Jahren Papiere mit Originalunterschriften berühmter Persönlichkeiten der Wirtschaftsgeschichte (Siemens, Mannesmann, Rockefeller u.a.). Zu den bedeutendsten Sammelgebieten gehören US-Eisenbahnpapiere, deutsche Aktien der Gründerzeit, Anleihen der Konföderierten aus der Zeit des amerikanischen Bürgerkriegs und russische Papiere aus der Zarenzeit.

Normale Zinsstruktur

Bezeichnung für die »normale«, meist vorherrschende Situation am Kapitalmarkt: Die Umlaufrenditen von Anleihen liegen tendenziell umso höher, je länger ihre Restlaufzeit ist. Gegensatz: → Inverse Zinsstruktur.

Notleidende Geldanlagen

Wertpapiere, meist Anleihen, bei denen der Schuldner, bedingt durch Liquiditätsprobleme, seinen Verpflichtungen zur Zinszahlung und/oder zur fristgerechten Rückzahlung (Tilgung) des geschuldeten Betrags nicht nachkommen kann.

Null-Coupon-Anleihe

→ Zero-Bond.

NYSE (New York Stock Exchange)

Bedeutendste Aktienbörse der Welt. Wird fälschlicherweise häufig mit dem US-Aktienmarkt gleichgesetzt, obwohl neben den Regionalbörsen (zum Beispiel in Chicago, Boston und Philadelphia) und dem immer mehr an Bedeutung gewinnenden Computerhandelssystem NASDAQ auch in New York noch eine wichtige andere Börse (American Stock Exchange) existiert, die 1998 mit der NASDAQ fusioniert hat.

simplified

O

Obligation

Festverzinsliches Wertpapier. Anleihe.

Oder-Depot

Gemeinschaftsdepot, über das jeder Einzelne der Depotinhaber verfügungsberechtigt ist.

Ökonomisches Prinzip, Wirtschaftlichkeitsprinzip

Bezeichnet das – wirtschaftlich sinnvolle – Bestreben, mit einer gegebenen Menge an Produktionsfaktoren den größtmöglichen Ertrag zu erwirtschaften beziehungsweise für einen vorgegebenen Ertrag eine möglichst geringe Menge an Produktionsfaktoren einzusetzen. Vom ökonomischen Prinzip leitet sich die Theorie des effizienten Portefeuille her.

On-Balance-Volume

Von Joseph Granville konzipierte Maßzahl der technischen Analyse. Das On-Balance-Volume ist die fortlaufend berechnete kumulierte Summe des Aufwärts- und des Abwärtsvolumens. An Tagen mit steigenden Kursen werden die Tagesumsätze jeweils addiert, an Tagen mit fallenden Kursen werden sie subtrahiert. So wird deutlich, ob steigende (fallende) Kurse auch mit steigenden (fallenden) Umsätzen einhergehen oder nicht. In der technischen Analyse gilt, dass steigende Umsätze in Richtung des vorherrschenden Kurstrends diesen bestätigen und für ein Anhalten des Trends sprechen. Daher wird das On-Balance-Volume von vielen technischen Analysten stark beachtet.

Onion Warrant

Mit einer Bandbreite (Range) ausgestatteter Optionsschein. Die Besonderheit besteht darin, dass es hier eine innere und eine äußere Bandbreite gibt, ähnlich wie bei den Schalen einer Zwiebel (engl.: onion), woraus sich die Bezeichnung dieser Optionsscheinvariante ableitet. Wenn der Kurs des Basisobjekts während der gesamten Laufzeit die innere Range nicht verlässt, erhält der Inhaber einen bestimmten Geldbetrag. Verlässt er zwar die innere, aber nicht die äußere Range, kommt es zur Auszahlung eines niedrigeren Betrags. Fällt der Kurs des Basisobjekts auch aus der äußeren Range heraus, verfällt der Optionsschein wertlos.

Open Interest

Bezeichnung für die Zahl von Options- oder Terminkontrakten, die am Ende des jeweiligen Handelstages noch offen sind und somit nicht glattgestellt wurden. Das Volumen des Open Interest eines bestimmten Kontrakts im Zeitvergleich lässt Rückschlüsse darauf zu, ob Kapital in diesen Kontrakt fließt oder daraus abgezogen wird und wie liquide der Handel in diesem Kontrakt abläuft.

Opération Blanche

Mögliche Verhaltensweise des Aktionärs bei einer ordentlichen Kapitalerhöhung. Es werden gerade so viele Bezugsrechte verkauft, dass mit dem Veräußerungserlös die verbleibenden Bezugsrechte genutzt und der Emissionspreis für die neuen Aktien bezahlt werden kann. Nach der Opération Blanche bleibt die absolute Höhe der Kapitalanlage des Aktionärs in Aktien der betreffenden AG unverändert, es verringert sich jedoch der relative Anteil am Grundkapital.

Option

Zeitlich begrenztes Recht, ein vom Vertragspartner festgelegtes Kauf- oder Verkaufsangebot wahrzunehmen oder abzulehnen. Kaufoptionen werden international als Call, Verkaufsoptionen als Put bezeichnet. Für Teilnehmer am Optionshandel ist es wichtig dass Optionen lediglich das Recht, nicht aber die Pflicht zur Ausübung umfassen. Daher stellt der Kaufpreis für die Option im Gegensatz etwa zum Leerverkauf (Short Selling) das maximale Verlustrisiko für den Optionsinhaber dar.

Option, digitale

Bezeichnung für eine Option, die dem Inhaber das Recht auf Erhalt eines festgelegten Geldbetrags gewährleistet, falls das Underlying am Laufzeitende einen bestimmten Preis (Basispreis) unterschreitet beziehungsweise überschreitet.

Optionsanleihe

Anleihe, die den Inhaber dazu berechtigt, während einer festgelegten Frist zu einem bestimmten Preis Aktien der emittierenden Gesellschaft zu erwerben. Die Optionsanleihe ist mit einem festen Zinssatz ausgestattet, der in der Regel deutlich unter dem Zinssatz von Anleihen vergleichbarer Laufzeit liegt. Quasi als Ausgleich für die niedrige Verzinsung sind der Anleihe ein oder mehrere Optionsscheine (Warrants) beigefügt. Mit Beginn der Optionsfrist können die Warrants von der Anleihe getrennt und separat gehandelt werden. Es entstehen somit drei verschiedene Wertpapiere: die Anleihe mit Optionsschein (cum Warrant), die Anleihe ohne Optionsschein (ex Warrant) und der separat gehandelte Optionsschein. Die Optionsanleihe bringt für die emittierende AG zwei Vorteile: Zum einen verschafft sie ihr niedrig verzinstes Fremdkapital, zum anderen fließt ihr zusätzliches Eigenkapital zu, wenn der Optionsscheininhaber sein Optionsrecht ausübt. Die Vorteile des Inhabers der Optionsanleihe liegen in einer festgelegten Verzinsung und Tilgung sowie in der Chance auf Kurssteigerungen der Aktie und somit des der Anleihe beigefügten Optionsscheins.

Optionsbedingungen

Sie regeln die Details der Ausübung von Optionsrechten. Insbesondere sind in den Optionsbedingungen Laufzeit, Art des Optionsrechts (europäisch oder amerikanisch), Optionsfrist, Optionsverhältnis und Basispreis festgelegt.

Optionsfrist

In den Optionsbedingungen festgelegter Zeitraum zur Ausübung von Optionsrechten. Nicht in jedem Fall identisch mit der Laufzeit eines Optionsscheins (europäisches/amerikanisches Optionsrecht).

Optionspreisbewertungsmodelle

Zur Bewertung von Optionspreisen gibt es drei Modelle, die von teilweise grundverschiedenen Prämissen ausgehen: das Black-Scholes-Modell, das Binomialmodell und das analytische Approximationsmodell. Die Modelle dienen dazu, den angemessenen (fairen) Wert eines Optionsrechts zu ermitteln. In den vergangenen Jahren hat sich das Black-Scholes-Modell weitgehend durchgesetzt und die beiden anderen Betrachtungsweisen, wenn schon nicht völlig verdrängt, so doch in den Hintergrund treten lassen.

Optionsrecht

In den Optionsbedingungen festgelegtes Recht zum Kauf oder Verkauf eines Basisinstruments. Bei Optionsscheinen ist zwischen europäischem und amerikanischem Optionsrecht zu unterscheiden.

Optionsschein

Eigenständig beurkundetes Wertpapier, das dem Inhaber das Recht verbrieft,

- ein bestimmtes Basisinstrument
- während einer bestimmten Frist (Optionsfrist)
- in einem bestimmten Verhältnis (Optionsverhältnis)
- zu einem bestimmten Preis (Basispreis)
- zu kaufen (bei Kaufoptionsscheinen/Calls) bzw.
- zu verkaufen (bei Verkaufsoptionsscheinen/Puts).

Mittels der Hebelwirkung bieten Optionsscheine die Chance, von Kursbewegungen des Basisinstruments – zum Beispiel eine Aktie, ein Index, eine Anleihe – überproportional zu profitieren. Verkaufsoptionsscheine bieten neben der Spekulation auf fallende Kurse auch die Möglichkeit, ein Wertpapierdepot gegen starke Verluste abzusichern (Hedging). Allen Optionsscheinen gemein ist die in den Optionsbedingungen fixierte Laufzeit: Im Gegensatz zu Aktien ist die »Lebensdauer« von Optionsscheinen beschränkt, nach Ende der Laufzeit werden sie wertlos. Die Laufzeit ist nicht immer identisch mit der Optionsfrist, während der das Optionsrecht ausgeübt werden kann (europäisches/amerikanisches Optionsrecht): Da der Optionsschein nur Rechte, nicht aber Pflichten verbrieft, kann der Optionsscheininhaber sein Optionsrecht ausüben, muss aber nicht. Das maximale Verlustrisiko beschränkt sich auf den Kaufpreis für die Optionsscheine. Die Ausübung ist nicht die einzige Möglichkeit zur Realisierung von Optionsscheingewinnen: Da Optionsscheine eigenständig verbriefte Rechte sind, können sie während der Laufzeit jederzeit an Dritte veräußert werden.

Optionsschein, gedeckter

→ Covered Warrant.

Optionsverhältnis

Gibt die Zahl der Optionsrechte pro Optionsschein an. Es legt die Anzahl von Basisinstrumenten beziehungsweise bei Währungsoptionsscheinen den Betrag der Fremdwährung fest, die pro Optionsschein ge- oder verkauft werden können. Ein Optionsverhältnis von 1 : 1 bei einem Aktien-Kaufoptionsschein bedeutet zum Beispiel, dass pro Optionsschein eine Aktie bezogen werden kann. Bei einem von 1 : 1 abweichenden Optionsverhältnis sind die Angaben je nach Autor unterschiedlich. Verbrieft ein Schein das Recht zum Bezug von fünf Aktien, dann wird diese Relation, je nach Präferenz des Autors, mal als 5 : 1 und mal als 1 : 5 bezeichnet. Inzwischen hat sich aber die Angabe des Optionsverhältnisses als Optionsrechte (in Einheiten des Basisobjekts) pro Schein durchgesetzt. Eine Relation von 1 : 5 bedeutet hier, dass pro Schein fünf Einheiten des Basisobjekts bezogen beziehungsweise verkauft werden können. Statt von Optionsverhältnis ist in der Wirtschaftspresse oft auch von »Bezugsverhältnis« die Rede. Streng genommen trifft diese Bezeichnung jedoch nur bei Kaufoptionsscheinen zu, da Verkaufsoptionsscheine nicht zum Bezug, sondern im Gegenteil zum Verkauf des Basisinstruments berechtigen.

Ordentliche Kapitalerhöhung

→ Kapitalerhöhung, ordentliche

Order

Auftrag. Hier: Kauf- oder Verkaufsauftrag in Wertpapieren.

Orderpapier

Auf den Namen eines bestimmten Berechtigten lautendes Wertpapier, zu dessen Übertragung neben Einigung und Übergabe auch eine schriftliche Übergabeerklärung (→ Indossament) erforderlich ist.

Orderzusatz

Detaillierte Anweisung an den eine Wertpapierorder ausführenden Broker oder an die betreffende Bank, in welcher Form der Auftrag abzuwickeln ist. Beispiele: → Fill or Kill; → Immediate or Cancel. Nicht alle Orderzusätze werden an sämtlichen Börsen akzeptiert.

Oszillator

In der technischen Analyse dienen Oszillatoren (zum Beispiel RSI, McClellan-Oszillator und Stochastik) als Indikatoren einer überkauften beziehungsweise einer überverkauften Situation. Wird ein oberer (unterer) Extremwert erreicht, so geht der technische Analyst von einer überkauften (überverkauften) Marktsituation aus und erwartet eine Kursbewegung in der entgegengesetzten Richtung. Als besonders wertvoll gelten Oszillatoren, wenn ihre Ergebnisse durch andere technische Indikatoren bestätigt werden.

OTC

Over the Counter.

Outperformance

Bezeichnung für die Tatsache, dass ein Wertpapier, ein Fonds oder ein Depot in einem bestimmten Zeitraum eine höhere Rendite erzielt hat als der Vergleichsindex (Benchmark).

Outperformance-Zertifikat

Zertifikat, das mit einem definierten Basispreis und einer begrenzten Laufzeit ausgestattet ist. Notiert das Basisobjekt am Laufzeitende oberhalb des Basispreises, so wird zusätzlich zum Kurs des Basisobjekts die mit einem Faktor größer als eins (abhängig von den Emissionsbedingungen des jeweiligen Zertifikats) multiplizierte Differenz zwischen diesem Kurs und dem Basispreis ausbezahlt. Notiert das Basisobjekt am Laufzeitende unterhalb des Basispreises, wird des Basiswert ausbezahlt.

Overnight Repo

Bezeichnung für ein Repo-Geschäft, das nur für die Dauer eines Börsentages abgeschlossen wird.

Over the Counter

In den USA die Bezeichnung für Wertpapiere, die nicht im offiziellen Börsenhandel notiert, sondern sozusagen »über den Tresen« gereicht werden.

simplified

P

Pari

Aus dem italienischen Wort für »gleich« abgeleitete Bezeichnung. Wird ein Wertpapier zum Nennwert ausgegeben, so spricht man von einer → Pari-Emission. Entsprechend handelt es sich um eine → Unterpari- beziehungsweise → Überpari-Emission, wenn die Ausgabe unter beziehungsweise über dem Nennwert erfolgt.

Pari-Emission

Ausgabe eines Wertpapiers zum Nennwert: Der Emissionskurs entspricht dem Nennwert.

Parität

Innerer Wert oder Substanzwert eines Optionsscheins, errechnet als Differenz zwischen dem Basispreis und dem aktuellen Kurswert des Basisobjekts.

Paritätsbezogene Bewertung

Bei Optionsscheinen die vergleichende Bewertung anhand von Kennzahlen, die sich auf die Parität beziehen, also Aufgeld (Agio), Aufgeld pro Jahr und Prämie.

Parketthandel

Bezeichnung für den Wertpapierhandel an der Präsenzbörse im Gegensatz zum Computerhandel.

Par Value

International gebräuchlicher Ausdruck für Nennwert.

Partizipationsrate

Bei Zertifikaten derjenige Prozentsatz, mit dem der Inhaber des Zertifikats von Kurssteigerungen des Basiswerts profitiert.

Pay Later Warrant

Contingent-Optionsschein.

Payout Ratio

Bezeichnung für die relative Höhe der Dividendenausschüttung eines Unternehmens, ausgedrückt als Prozentsatz des Reingewinns im jeweiligen Geschäftsjahr.

PEG

Price-Earnings-to-Earnings-Growth-Ratio

Penny Stock

In den USA übliche Bezeichnung für Aktien mit optisch sehr niedrigem Kurswert. Meist handelt es sich dabei um hochspekulative Papiere kleiner Unternehmen oder um Titel, die heftige Kursverluste erlitten haben.

Performance

Bezeichnung für die Wertentwicklung eines Anlageobjekts über einen bestimmten Zeitraum. Die Performance kann in absoluten Zahlen (zum Beispiel eine Gesamtrendite von x Prozent innerhalb eines Jahres) oder relativ zu einem Vergleichsindex (Benchmark) ermittelt werden.

Performance-Analyse

Vergleichende Bewertung der Performance verschiedener Anlageobjekte oder Anlagestrategien.

Performance-Index

Aktienindex, in dessen Berechnung neben der Kursentwicklung der darin enthaltenen Aktien auch die von diesen ausgeschütteten Dividenden und

Boni eingehen. Im Vergleich zu Kursindizes erlauben Performance-Indizes daher eine genauere Abbildung der Gesamtrendite, für die Dividenden eine wesentliche Rolle spielen. Die meisten Aktienindizes – zum Beispiel auch die DAX-Indizes der Deutschen Börse – sind Performance-Indizes.

Pfandbrief

Festverzinsliches Wertpapier, das zur Refinanzierung von Hypothekarkrediten dient. Pfandbriefe werden von Hypothekenbanken, Schiffspfandbriefbanken und öffentlich-rechtlichen Kreditanstalten ausgegeben, wobei zur Emission eine staatliche Genehmigung erforderlich ist. Pfandbriefe werden an deutschen Börsen im Amtlichen Handel notiert. Die Besicherung von Pfandbriefen erfolgt durch erstrangige Hypotheken, wobei das Emissionsvolumen zu jeder Zeit durch Hypotheken von mindestens gleichem Zinsertrag gedeckt sein muss. Pfandbriefe sind mündelsicher und erfreuen sich bei konservativen Anlegern großer Beliebtheit.

Plain Vanilla

Bezeichnung für derivative Finanzinstrumente von geringer Komplexität. Im Optionsscheinbereich spricht man zum Beispiel von einem Plain Vanilla Warrant, wenn ein Call oder Put mit fester Laufzeit, Optionsverhältnis und Basispreis ausgestattet ist und keine davon abweichenden Merkmale wie eine Knock-in-Schwelle oder dergleichen aufweist.

Plusankündigung

Beim Kursanstieg einer Aktie von mehr als fünf Prozent im Vergleich zum Vortag schreibt der Makler ein Pluszeichen an die Maklertafel, bei einem Anstieg von mehr als zehn Prozent ein doppeltes Pluszeichen. Bei Anleihen kündigen Plus und Doppelplus Kursanstiege von mehr als einem beziehungsweise zwei Prozent an.

Portefeuille

Im Zusammenhang mit Geldanlagen von Privatpersonen oft als Synonym für Depot gebraucht (Wertpapierportefeuille). Bei Investmentfonds bezeichnet der Begriff den Wertpapierbestand, bei Immobilienfonds den Bestand an Anlagewerten.

Post-Anleihe

Von der Deutschen Post emittiertes festverzinsliches Wertpapier.

Power Warrant

Neuartige Optionsscheinkonstruktion. Optionsscheine mit einmaliger Ausübung (europäisches Optionsrecht), wobei sich der vom Emittenten an den Inhaber auszuzahlende Betrag aus der quadrierten Differenz zwischen Berechnungskurs und Basispreis errechnet. Die Auszahlung pro Optionsschein ist dabei auf einen festgesetzten Höchstbetrag beschränkt.

Prämie

Kennzahl zur vergleichenden Optionsscheinbewertung. Ähnlich wie das Aufgeld (Agio) gibt sie an, um wie viel teurer es ist, ein Basisobjekt durch Kauf des Optionsscheins und Ausübung des Optionsrechts zu erwerben, als es direkt an der Börse zu kaufen. Während das Aufgeld diese Differenz jedoch in Währungseinheiten ausdrückt, gibt die Prämie die Prozentzahl an, um die das Basisobjekt im Kurswert steigen oder fallen müsste, damit der innere Wert des Optionsscheins mit seinem aktuellen Kurswert übereinstimmt. Anstelle von »Prämie« hat sich heute vielfach die Bezeichnung »prozentuales Aufgeld« oder »Aufgeld in Prozent« durchgesetzt. Die Formel zur Berechnung lautet: (Aufgeld : Kurs des Basisobjekts) x 100.

Präsenzbörse

Von Maklern durchgeführter Wertpapierhandel im Börsengebäude, im Gegensatz zum Computerhandel.

Preisindex (Kursindex)

Aktienindex, dessen Veränderungen lediglich die Kursentwicklung der in ihm enthaltenen Aktien berücksichtigen, nicht aber Dividendenausschüttungen, Boni, Bezugsrechte oder andere Zusatzerträge. Im Gegensatz zu Performance-Indizes wird in einem Preisindex daher nicht die Gesamtrendite der betreffenden Aktien erkenntlich. Aus diesem Grund sind sämtliche in jüngerer Vergangenheit neu konzipierten Aktienindizes Performance-Indizes. Der weltweit bedeutendste Preisindex im Aktienbereich ist der Dow Jones Industrial Average.

Premium-Margin

Der Stillhalter einer Optionsposition hat eine Premium-Margin zu hinterlegen, die bis zum Verfall oder zur Ausübung der Optionsrechte bestehen bleibt und die Kosten einer Glattstellung des Stillhalters zum Abrechnungspreis abdeckt. Die Premium-Margin wird laufend angepasst.

Price-Earnings-Ratio

Kurz PER oder PE; Kurs-Gewinn-Verhältnis.

Price-Earnings-to-Earnings-Growth-Ratio (PEG)

Kennzahl der fundamentalen Aktienanalyse. Zur Berechnung wird das aktuelle Kurs-Gewinn-Verhältnis (Price Earnings Ratio) durch das in der Vergangenheit erzielte oder für die Zukunft erwartete Gewinnwachstum (Earnings Growth) des Unternehmens dividiert. Ein PEG unter 1,00 signalisiert eine aktuell niedrige Bewertung.

Primärinsider

→ Insider.

Primärmarkt

Markt, auf dem neu emittierte Wertpapiere erstmals abgesetzt werden. Im Gegensatz zum Primärmarkt dient die Börse als Sekundärmarkt (Umlaufmarkt) und gewährleistet später einen funktionierenden Wertpapierhandel.

Prime Standard

Am 1. Januar 2003 ins Leben gerufenes Handelssegment der Deutschen Börse. Im Prime Standard gelistete Unternehmen müssen Transparenzvorschriften erfüllen, die deutlich über die Zulassungsregeln zum Amtlichen Handel und zum Geregelten Markt hinausgehen: Quartalsberichte, internationale Rechnungslegungsstandards (IAS oder US-GAAP), Veröffentlichung eines Unternehmenskalenders, Veranstaltung von jährlich mindestens einer Analystenkonferenz und die Veröffentlichung von Mitteilungen in englischer Sprache. In die Auswahlindizes der Deutschen Börse wie DAX-30, MDAX oder SDAX können nur Aktien aufgenommen werden, die im Prime Standard gelistet sind.

Prozentuales Aufgeld

→ Prämie.

Prozyklisches Vorgehen

Die prozyklische Strategie folgt dem Markttrend: Gekauft wird erst, wenn charttechnische Signale eine anhaltende Aufwärtstendenz anzeigen; mit dem Verkauf wartet der Prozykliker, bis der Trend sich klar nach unten gewendet hat. Ziel ist, ausgeprägte Trends zu nutzen, möglichst am Anfang einer Aufwärtsbewegung zu kaufen und an deren Ende zu verkaufen.

Publizität

Unterrichtung der Öffentlichkeit über relevante Ereignisse, die das Börsenwesen allgemein oder die Situation eines bestimmten Unternehmens betreffen.

Publizitätsvorschriften

Gesetzlich festgelegte Vorschriften über Art und Umfang der Publizität. Während die Gesellschaftspublizität von der Rechtsform des Unternehmens abhängig ist (die Publizitätsverpflichtungen der AG sind im Aktienrecht geregelt), richtet sich die Börsenpublizität vor allem nach dem Marktsegment, in dem das betreffende Wertpapier gehandelt wird. Die aktienrechtliche Publizität wird vom Registergericht überwacht, die Börsenpublizität einer AG von den Aufsichtsorganen der jeweiligen Börse.

Puffer-Zertifikat

→ Airbag-Zertifikat.

Put, Put Warrant

International übliche Bezeichnung für Verkaufsoptionen beziehungsweise Verkaufsoptionsscheine (Put Warrants). Gegensatz: → Call.

Q

Quanto-Optionsschein

Währungsgesicherter Optionsschein zur Spekulation auf die Entwicklung eines Basisobjekts, das in einer Fremdwährung notiert wird. Am Beginn der Laufzeit wird ein bestimmtes Wechselkursniveau festgelegt, der Anleger ist so vor Währungsschwankungen gesichert. Der innere Wert des Optionsscheins am Ende der Laufzeit wird anhand des fixen Wechselkurses ermittelt. Da die Währungsabsicherung mit Kosten verbunden ist, sind Quanto-Optionsscheine teurer als vergleichbare, nicht währungsgesicherte Warrants.

Quanto-Zertifikat

Bezeichnung für Zertifikate mit automatischer Währungsabsicherung. Veränderungen von Wechselkursen haben hier keine Auswirkungen für den Anleger. Quanto-Zertifikate sind vor allem in denjenigen Bereichen interessant, in denen der Weltmarktpreis in US-Dollar festgelegt wird, also im gesamten Rohstoffsektor, insbesondere bei Gold und anderen Metallen. Bei nicht währungsgesicherten Zertifikaten kann es dem Anleger passieren, dass er von einer massiven Preissteigerung des Underlying nicht profitiert, weil gleichzeitig der US-Dollar gegenüber dem Euro an Wert verliert.

Quartal

Zeitraum von drei Monaten.

Quartalsbericht

Zwischenbericht über die Umsatz- und Gewinnentwicklung eines Unternehmens in den drei zurückliegenden Monaten des Geschäftsjahrs.

Quartalsdividende

Im Gegensatz zu Deutschland erfolgt die Dividendenausschüttung in den USA nicht einmal jährlich für das gesamte Geschäftsjahr, sondern in der Regel viermal jährlich für das jeweils abgeschlossene Quartal.

Quattro-Optionsschein

Optionsschein-Variante mit vier verschiedenen Basisobjekten, in der Regel Aktien. Für jedes Basisobjekt ist dabei eine eigene Kursbandbreite (Range) festgelegt. Fällt eines der Basisobjekte aus seiner jeweiligen Range heraus, so verfällt es, wovon die anderen Basisobjekte jedoch nicht betroffen sind. Wenn alle vier Basisobjekte ihre Range verlassen, verfällt der Quattro-Optionsschein wertlos.

simplified

R

Rallye

Gängige Bezeichnung für eine schnelle und kräftige Aufwärtsbewegung an der Börse.

Random-Walk-Hypothese

Auf der Theorie des effizienten Markts beruhendes Erklärungsmodell der Kursentwicklung von Wertpapieren. Die Hypothese besagt, vereinfacht ausgedrückt, dass aus der Beobachtung und Interpretation von Kursverläufen der Vergangenheit keinerlei Rückschlüsse auf die künftige Entwicklung gezogen werden können, denn in die jeweils letzte Kursfeststellung sind alle verfügbaren relevanten Informationen eingeflossen. Der jeweils letzte Kurs ist daher die bestmögliche Schätzung aller künftigen Kurse. Nach der Random-Walk-Hypothese ist folglich die technische Wertpapieranalyse ohne jegliche prognostische Relevanz. Strenggenommen sind nach dieser Hypothese allerdings auch mit den Mitteln der Fundamentalanalyse keine sinnvollen Prognosen über künftige Kursentwicklungen möglich.

Range-Trading

In der Regel kurzfristig orientierter Trading-Ansatz, bei dem man versucht, die erwartete Schwankungsbreite einer Kursbewegung (Range) auszunutzen. Dabei wird jeweils verkauft, wenn der Kurs am oberen Ende der Schwankungsbreite angekommen ist, und am unteren Ende wird gekauft.

Range Warrants

Bandbreiten-Optionsscheine.

Rating

Beurteilung der Kreditwürdigkeit eines Schuldners (Bonität) durch so genannte Rating-Agenturen anhand bestimmter Kriterien wie Verschuldungssituation, Länderrisiko etc. Die Rating-Skalen der international angesehensten Agenturen Moody's und Standard & Poor' reichen von AAA beziehungsweise Aaa (höchste Bonitätsstufe, faktisch mündelsicher) bis D (Schuldner in Zahlungsschwierigkeiten, Rückzahlung bereits notleidend).

Realisierung, Realisation

Glattstellung eines Wertpapierengagements zur Sicherstellung von Gewinnen beziehungsweise zur Begrenzung von Kursverlusten.

Reallokation

Regelmäßige Überarbeitung und gegebenenfalls Neuzusammensetzung eines Basket oder eines Index anhand festgelegter Kriterien. So werden zum Beispiel die deutschen DAX-Indizes regelmäßig anhand der Marktkapitalisierung und der Höhe der Börsenumsätze reallokiert.

Realzins, Realverzinsung

Die um die Inflationsrate bereinigte Verzinsung einer Kapitalanlage. Zur Ermittlung der Realverzinsung wird das investierte Kapital mit dem Nominalzins auf- und mit der Inflationsrate abgezinst. In Deutschland erreichte der Realzins zehnjähriger Bundesanleihen mit knapp über sechs Prozent im Jahr 1990 seinen bislang höchsten Stand.

Regionalbörsen

Bezeichnung für die neben der wichtigsten Börse eines Landes existierenden Börsenplätze. Regionalbörsen stehen oft ein wenig im Schatten der Hauptbörse, erfüllen aber als Handelsplätze für Regionalwerte eine wichtige Funktion. Viele Regionalbörsen versuchen auch mit Erfolg, sich durch Spezialisierung, etwa auf Optionsscheine oder bestimmte Auslandsaktien, zu profilieren und ihr Fortbestehen somit zu sicher.

Regionalwerte

Aktien von Unternehmen mit vornehmlich regionaler Bedeutung, manchmal auch für Wertpapiere gebraucht, deren Interessentenkreis regional beschränkt ist. Meist fallen beide Umstände ohnehin zusammen.

REIT

Real Estate Investment Trust. In den USA und Kanada weit verbreitete Form von börsennotierten Immobilienkapitalgesellschaften, die meist in Bürogebäude, Wohnanlagen und andere Großimmobilien investieren. REITs genießen einen steuerlichen Sonderstatus, sofern sie eine hohe Mindestausschüttung an ihre Aktionäre garantieren (in den USA mindestens 90 Prozent der ausgewiesenen Gewinne). Die Besteuerung findet nicht auf der Unternehmens-, sondern auf der Aktionärsebene statt. Wegen ihrer meist extrem hohen Dividendenrenditen sind REITs bei konservativen Anlegern sehr beliebt.

Rektapapier

Namenspapier.

Relative Stärke

Maß für die Kursentwicklung einer Aktie im Vergleich zu einem Index. Nicht die Entwicklung in absoluten Zahlen wird hier gemessen, sondern die prozentuale Veränderung seit einem bestimmten festgelegten Zeitpunkt. Eine relative Stärke von + 15 Prozent bedeutet, dass sich die betreffende Aktie um 15 Prozent besser entwickelt hat als der zum Vergleich herangezogene Index.

Relative-Stärke-Index (RSI)

Im Rahmen der technischen Wertpapieranalyse ein Maß für die Stärke eines Trends. Der RSI setzt den innerhalb eines bestimmten Zeitraums gemessenen Durchschnitt der Aufwärtskursdifferenzen eines Index – etwa des DAX – ins Verhältnis zum Durchschnitt der Abwärtskursdifferenzen. Durch die Messung der Stärke eines Trends soll bestimmt werden, wann ein Index überkauft oder überverkauft ist, wann also ein Ein- oder Ausstieg aus technischer Sicht ratsam erscheint.

Rendite

Ertrag eines Wertpapiers in Relation zum investierten Kapital. Die Dividendenrendite von Aktien wird errechnet, indem man die Dividende mit 100 multipliziert und das Produkt durch den aktuellen Kurswert teilt. Die Gesamtrendite errechnet sich aus der Summe der Dividendenrendite und der Kursveränderungen innerhalb eines bestimmten Zeitraums.

Renten

Kurzbezeichnung für festverzinsliche Wertpapiere, da dem Inhaber von Rentenpapieren ein regelmäßiges Zinseinkommen (Rente) zufließt.

Rentenmarkt

Teil des Kapitalmarkts. Börsenmäßiger Handel festverzinslicher Wertpapiere (Rentenpapiere).

Rentenpapiere

Gesamtheit der am Rentenmarkt gehandelten festverzinslichen Wertpapiere: öffentliche Anleihen, Industrieanleihen, Kommunalobligationen, Pfandbriefe, Schuldverschreibungen von Kreditinstituten etc.

Rentenwerte

Rentenpapiere.

Repo

Abkürzung für Repurchase Agreement: Der Verkäufer von Wertpapieren verpflichtet sich zum Rückkauf dieser Wertpapiere zu einem künftigen Zeitpunkt.

Repo Rate (Reposatz)

Vereinbarter Zinssatz für die Überlassung von Geldmitteln im Rahmen einer Repo-Transaktion. Die betreffenden Wertpapiere dienen dabei in der Regel als Sicherheiten.

Repartierung

Zuteilung von Wertpapieren an die Kaufinteressenten nach einem festgelegten Schlüssel. Im Börsenhandel versteht man darunter die Zuteilung von Teilbeträgen auf einzelne Aufträge. Häufiger kommt es jedoch im Rahmen vom Wertpapieremissionen zur Repartierung: Wenn die Nachfrage höher ist als das Angebot und auch nicht mehr aus dem Greenshoe gedeckt werden kann, erhalten die Zeichner nur einen bestimmten Teil der georderten Stücke.

Research

Allgemein die Nachforschung und das Aufdecken relevanter Zusammenhänge. Speziell die Analyse der fundamentalen Kennzahlen eines Unternehmens und/oder der Kurschancen einer Aktie.

Residualvolatilität

Bezeichnung für denjenigen Anteil der Volatilität bei Aktien, der unabhängig von der Volatilität des Gesamtmarkts auftritt und unternehmensspezifische Ursachen hat. Die Residualvolatilität steht in engem Zusammenhang mit dem unsystematischen Risiko bei Aktienengagements.

Restlaufzeit

Zeitraum bis zur Rückzahlung einer Anleihe beziehungsweise bis zum Verfall von Optionsrechten. Optionsscheine werden nach Ablauf der Laufzeit beziehungsweise Restlaufzeit wertlos. Daher spielt die Restlaufzeit bei der Berechnung verschiedener Optionsscheinkennzahlen eine bedeutende Rolle, ebenso bei der Renditeberechnung von festverzinslichen Wertpapieren.

Retracement

In der technischen Analyse Bezeichnung für die auf eine starke Kursbewegung folgende Reaktion in die entgegengesetzte Richtung. Auf ein Retracement folgt die Wiederaufnahme des ursprünglichen Trends. Bekannte Beispiele sind das 50-Prozent-Retracement, das zum Beispiel die Hälfte eines vorangegangenen Kursanstiegs kostet, ehe der Kurs wieder zu steigen beginnt. Weitere Beispiele sind Ein-Drittel- beziehungsweise Zwei-Drittel-Retracements und die Fibonacci-Retracements von 38 beziehungsweise 62 Prozent.

Reuters-Kürzel

Von der Nachrichtenagentur Reuters vergebenes Kürzel zur eindeutigen Identifikation von Wertpapieren und deren Kursen an verschiedenen Börsenplätzen. Neben Kürzeln für einzelne Wertpapiere gibt es auch Sammelkürzel, unter denen man zum Beispiel die von Market Makern erstellten Geld- und Briefkurse bestimmter Papiere abrufen kann.

Reverse Convertibles

International gebräuchliche Bezeichnung für Aktienanleihen (Synonym: Equity Linked Notes).

Reverse Floater

Anleihe mit variabler Verzinsung, deren Zinssatz sich bei fallenden Geldmarktzinsen erhöht.

Reverse Split

Zusammenfassung mehrerer Aktien zu einer, Gegenteil eines Split. In den USA übliche Maßnahme, wenn ein optisch höherer Kurswert erreicht werden soll. Zum Beispiel werden bei einem Reverse Split im Verhältnis 1 : 10 je zehn »alte« Aktien zu einer neuen zusammengefasst. Reverse Splits sind wesentlich seltener als Splits. Bei mit einem Nennwert ausgestatteten Aktien erhöht sich dieser gemäß dem Reverse-Split-Verhältnis, bei nennwertlosen Aktien steigt entsprechend der auf eine Aktie entfallende Anteil an Vermögen und Ertrag des Unternehmens. Ebenso wie Splits sind Reverse Splits nicht mit einer Veränderung des Grundkapitals verbunden.

REX

Deutscher Rentenindex, der aus den Kursen der Bundesanleihen, Bundesobligationen und Bundesschatzanweisungen berechnet wird.

Rezession, Konjunkturrückgang

Verlangsamung des Wirtschaftwachstums innerhalb einer Volkswirtschaft. Maßstab für dieses Wachstum ist das Bruttosozialprodukt.

Rho

In der modernen Optionspreistheorie ist das Rho die Bezeichnung für die Preisveränderung von Optionsrechten aufgrund von Veränderungen des risikolos zu erzielenden Zinssatzes.

RIC

Abkürzung für Reuters Identification Code. → Reuters-Kürzel.

Ring

→ Corner.

Risikobegrenzung

Verlustbegrenzung.

Risiko, systematisches

Derjenige Teil des Gesamtrisikos von Wertpapieranlagen, insbesondere Aktieninvestitionen, der durch Schwankungen des Gesamtmarkts verursacht wird.

Risiko, unsystematisches

Derjenige Teil des Gesamtrisikos von Wertpapieranlagen, insbesondere Aktieninvestitionen, der nicht durch Schwankungen des Gesamtmarkts verursacht wird, sondern von titel- beziehungsweise unternehmensspezifischen Faktoren abhängt.

ROE

Return on Equity. Bezeichnung für das Verhältnis des Unternehmensgewinns zum von den Aktionären investierten Kapital.

Rolling-Discount-Zertifikat

Bei einem Rolling-Discount-Zertifikat wird kontinuierlich in (fiktive) Discount-Zertifikate investiert, die in der Regel eine Restlaufzeit von einem Monat aufweisen. Dabei erfolgt quasi automatisch eine Anpassung an die jeweils aktuelle Marktlage. Der Nachteil der begrenzten Laufzeit herkömmlicher Discount-Zertifikate wird dadurch überwunden, denn die rollierende Konstruktion ermöglicht eine theoretisch unendliche Lebensdauer des Zertifikats. Diese Konstruktion ist noch relativ neu, scheint sich aber am Markt durchzusetzen, obwohl sich die Emittenten von Rolling-Discount-Zertifikaten in der Regel ein Kündigungsrecht vorbehalten.

Rote Zahlen

Gebräuchlicher Ausdruck für erzielte Verluste. Schreibt ein Unternehmen rote Zahlen, so macht es Verlust.

Round Lot

Handelseinheit an amerikanischen Börsen. Als Round Lot gelten in der Regel jeweils 100 Aktien oder ein Vielfaches davon.

Round Turn Fee

Die zur kompletten Abwicklung eines Futures-Geschäfts (Aufbau und spätere Glattstellung der Position) an den Broker zu entrichtenden Gebühren.

RSI

Relative-Stärke-Index.

Rücklagen

Kapitalreserven eines Unternehmens, die zum Ausgleich eventuell in späteren Jahren anfallender Verluste dienen. Durch Bildung von Rücklagen soll verhindert werden, dass im Falle von Verlusten das Nominalkapital reduziert wird. Sie stellen daher für Gläubiger des Unternehmens eine Art Garantieposten dar, da sie das Risiko eines Konkurses vermindern. Rücklagen werden in der Bilanz auf gesonderten Passivkonten ausgewiesen. Man unterscheidet zwischen gesetzlichen Rücklagen, deren Bildung der Gesetzgeber vorschreibt, und freien Rücklagen, die aus verschiedenen Gründen gebildet werden. In der Bilanz ausgewiesene Rücklagen (offene Rücklagen) sind zu unterscheiden von den so genannten »stillen« Rücklagen oder stillen Reserven: Diese erscheinen nicht in der Bilanz, sondern sind in überhöhten Rückstellungen beziehungsweise durch Unterbewertung von Vermögensteilen (zum Beispiel Immobilien) »versteckt«. Bei der Kapitalerhöhung aus Gesellschaftsmitteln werden offene Rücklagen in dividendenberechtigtes Grundkapital umgewandelt, es erfolgt die Ausgabe neuer Aktien (Berichtigungsaktien) ohne Einzahlungen seitens der Aktionäre.

Rückzahlungsbetrag

Gesamtbetrag, den ein Schuldner dem Gläubiger zurückzuzahlen hat, also die Summe der vereinbarten Tilgungsleistungen.

Runaway Gap

→ Fortsetzungslücke.

S

Salami-Crash

Scherzhafte Bezeichnung für einen deutlichen Kursrückgang, der sich nicht wie bei einem typischen Crash in Form heftiger Verluste binnen weniger Tage vollzieht, sondern sich über einen längeren Zeitraum erstreckt und quasi scheibchenweise verläuft.

Schachtelbeteiligung

Beteiligung einer Kapitalgesellschaft an einer anderen in Höhe von mindestens 25 Prozent des Kapitals der Letzteren.

Schlüsselumkehr (Ein-Tages-Umkehr, Key Reversal Day)

Ein-Tages-Kursformation, die im Rahmen der technischen Analyse als Zeichen für eine Trendumkehr interpretiert wird. In einem Aufwärtstrend kommt es zu einem Eröffnungskurs auf einem neuen Hoch, und der Tagesschlusskurs liegt unter dem Tief des Vortags. Entsprechend sieht es in einem Abwärtstrend aus: Der Kurs eröffnet auf einem neuen Tief und schließt über dem Hoch des Vortags.

Schlusskurs (I)

Letzte variable Notierung eines Wertpapiers an einem bestimmten Handelstag.

Schlusskurs (II)

Orderzusatz. Der Auftrag liegt nur zur Ausführung zum Schlusskurs vor.

Schulter-Kopf-Schulter-Formation

Begriff aus der technischen Wertpapieranalyse. Der Kursverlauf eines Wertpapiers bildet drei Spitzen aus, deren mittlere die beiden anderen deutlich überragt, während die erste und die dritte Spitze in etwa auf demselben Niveau liegen. Die Ausbildung der Formation sollte sich zumindest über zwei Monate erstreckt haben. Eine Schulter-Kopf-Schulter-Formation wird als Anzeichen dafür interpretiert, dass der Kurs auf erheblichen Widerstand stößt und in der Folge nach unten tendieren dürfte. Die umgekehrte Schulter-Kopf-Schulter Formation mit drei entsprechend ausgeprägten Kurstiefen gilt dagegen als Vorbote steigender Notierungen: Der Kurs hat eine tragfähige Unterstützung gefunden und sollte in Zukunft nach oben tendieren.

Schütt-aus-hol-zurück-Verfahren

Bezeichnung für ein Verfahren der Finanzierungs- und Ausschüttungspolitik von Aktiengesellschaften. Als Dividende an die Aktionäre ausgeschüttete Beträge werden im Rahmen einer ordentlichen Kapitalerhöhung wieder von der Aktiengesellschaft vereinnahmt. Meist entspricht dabei das Volumen der Kapitalerhöhung dem als Dividende ausgeschütteten Gesamtbetrag abzüglich Steuern. Dieses Verfahren bietet der Aktiengesellschaft den Vorteil, dass eine Gewinnausschüttung an die Aktionäre stattfinden kann, ohne der AG auf Dauer Kapital zu entziehen. Bei den Aktionären hängt es vom persönlichen Einkommensteuersatz ab, ob das Verfahren zu einer geringeren steuerlichen Belastung führt als die Gewinneinbehaltung. Das Schütt-aus-hol-zurück-Verfahren weist aus Sicht des Aktionärs insofern Parallelen zur Kapitalerhöhung aus Gesellschaftsmitteln auf, als er kein zusätzliches Geld investieren muss, um neue Aktien zu erhalten. Im Gegensatz zu dieser Art der Kapitalerhöhung muss die Dividende beim Schütt-aus-hol-zurück-Verfahren aber zunächst an die Aktionäre ausgeschüttet werden, bevor sie im Rahmen der ordentlichen Kapitalerhöhung wieder an die AG zurückfließt.

Schwach

Tendenzbezeichnung an Börsentagen mit deutlich nachgebenden Kursen. Durchschnittliche Kursverluste von mehr als einem Prozent.

Schwarze Null

Bezeichnung für die Ertragssituation eines Unternehmens, das ein ausgeglichenes Ergebnis, also weder Gewinn noch Verlust, erzielt. → Break-even.

Schwarze Zahlen

In der Wirtschafts- und Börsensprache ein gebräuchlicher Ausdruck für Gewinne. Gegensatz: → Rote Zahlen

Schwarzer Freitag

Unter diesem Namen ging der 25. Oktober 1929 in die Börsengeschichte ein, der an der New Yorker Wall Street den bis dahin größten Kurseinbruch brachte. Eigentlich erfolgte der Einbruch bereits am Donnerstag, doch wurden die Ereignisse erst am Tag darauf in Europa bekannt. Der Schwarze Freitag von 1929 markierte das Ende des langjährigen Konjunkturaufschwungs in den USA und leitete die Weltwirtschaftskrise der 30er-Jahre ein.

SDAX

Auswahlindex der deutschen Börse, der die 50 liquidesten und nach Marktkapitalisierung größten Aktien unterhalb des MDAX enthält. Dabei kann es sich um deutsche oder ausländische Unternehmen handeln. Voraussetzung für die Indexaufnahme ist die Notierung im → Prime Standard.

Securities and Exchange Commission (SEC)

1934 durch Bundesgesetz gegründete Börsenaufsichtsbehörde in den USA. Die SEC überwacht den gesamten Wertpapierhandel und achtet streng auf Verstöße gegen das Verbot von → Insidergeschäften. Die SEC gilt als Vorbild für sämtliche Börsenaufsichtsbehörden weltweit.

Sehr fest

Tendenzbezeichnung an Börsentagen mit sehr lebhaftem Handel und stark anziehenden Kursen. Kursgewinne von durchschnittlich mehr als zwei Prozent.

Sehr schwach

Tendenzbezeichnung an Börsentagen mit stark fallenden Kursen. Durchschnittliche Kursverluste von mehr als zwei Prozent.

Sekundärinsider

→ Insider.

Sekundärmarkt

Börslicher oder außerbörslicher Handel von Wertpapieren nach deren Emission.

Sell in May and go away

Traditionelle »Börsenweisheit«, die darauf anspielt, dass die Zeiten steigender Kurse in der Vergangenheit oft in die letzten zwei und die ersten vier Monate des Jahres fielen und im Sommer ein allgemeiner Kursrückgang einsetzte.

Sell on Good News

Oft bewährte »Börsenweisheit«. Bei überraschend guten Unternehmensnachrichten pflegen die Kurse der betreffenden Aktien meist deutlich im Kurs zu steigen. Wer dies zum Verkauf nutzt, macht in der Regel ein gutes Geschäft.

Sell-out, Sell-off

»Ausverkauf«. Panikartige Aktienverkäufe, meist am Ende einer → Baisse. Nach dem Sell-out haben die Aktienkurse ihr Tiefstniveau erreicht und bieten gute Chancen für antizyklische Käufe.

Sentiment-Indikator

→ Stimmungsindikatoren.

Shareholder Value

Wertschöpfung im Sinne des Aktionärs. Ziel einer am Shareholder Value orientierten Unternehmenspolitik ist es, für die Anteilseigner eine angemessene Rendite ihrer Anlagen zu schaffen. Dies kann auch im Interesse anderer Gruppen wie Belegschaft, Kunden oder Zulieferer des Unternehmens sein, weil eine langfristige Sicherung der Rentabilität des Unternehmens angestrebt wird.

Shares outstanding

International verbreitete Bezeichnung für die Anzahl der von einer AG emittierten Aktien, abzüglich eventuell von der AG zurückgekaufter und im Eigenbesitz gehaltener Stücke.

Sharpe Ratio

Vom Nobelpreisträger William Sharpe konzipierte Kennzahl zur vergleichenden Messung der Performance von Investmentfonds. Von der absoluten Performance wird zunächst die Verzinsung einer risikolosen Investition im selben Zeitraum abgezogen. Dann wird das Resultat durch eine Zahl geteilt, die das vom Fondsmanagement eingegangene Risiko repräsentiert. Als Risikomaßstab gilt dabei die Volatilität der betreffenden Wertpapiere. Die Sharpe Ratio stellt also die Performance im Verhältnis zur akzeptierten Volatilität dar, wobei gilt, dass ein bestimmtes absolutes Ergebnis umso besser zu bewerten ist, je geringer die Risiken waren, die zu seiner Erzielung geführt haben.

Short Selling

→ Leerverkauf.

Short Squeeze

Bezeichnung für eine Notlage der Leerverkäufer. Wenn viele Marktteilnehmer mit sinkenden Kursen rechnen, werden umfangreiche Leerverkäufe des betreffenden Wertpapiers getätigt. Steigt der Kurs dann unvermittelt, sind die Leerverkäufer gezwungen, ihre Positionen zu höheren Kursen einzudecken. Dadurch entsteht ein Nachfrageüberhang, der den Kursanstieg noch beschleunigt.

Simplex-Optionsschein

Europäischer digitaler Optionsschein.

Small Caps

International gebräuchlicher Ausdruck für Unternehmen mit relativ geringer Marktkapitalisierung (amerikanisch: small capitalization) beziehungsweise deren Aktien. Es gibt verschiedene Definitionen, doch kann eine Marktkapitalisierungs-Obergrenze von 250 Millionen US-Dollar als allgemein akzeptiert gelten.

Soft Commodities

Sammelbegriff für börsengehandelte landwirtschaftliche Rohstoffe wie Zucker, Getreide, Kaffee, Orangensaft etc. im Gegensatz zu den »harten« Rohstoffen wie Industrie- und Edelmetalle.

Soft Landing

Ausdruck für einen bestimmten Verlauf der Konjunktur beziehungsweise für die Hoffnung auf diesen Verlauf. Nach einer Phase der Hochkonjunktur kommt es nicht zur Rezession, sondern zu einem über längere Zeit anhaltenden moderaten Wirtschaftswachstum ohne nennenswerte Inflation, ohne markante Gewinneinbrüche bei den Unternehmen und ohne starken Anstieg der Arbeitslosenzahlen.

Sparbrief

Festverzinsliche Schuldverschreibung mittlerer Laufzeit. Sparbriefe werden von Kreditinstituten ausgegeben, sind nicht börsennotiert und können vor Ende der Laufzeit in der Regel nicht zurückgegeben werden.

Spareckzins

Zinssatz, den Banken und Sparkassen für herkömmliche Spareinlagen mit dreimonatiger Kündigungsfrist gewähren.

Spekulationsgewinne

Nach deutschem Steuerrecht sind Kursgewinne aus Wertpapiergeschäften dann als steuerpflichtige Spekulationsgewinne zu werten, wenn zwischen Kauf und Verkauf nicht mindestens ein Jahr und ein Tag vergangen sind beziehungsweise wenn der Verkauf vor dem Kauf erfolgt ist (Leerverkäufe oder Short Selling). Bis zur Freigrenze von 512 Euro pro Jahr und Person bleiben jedoch auch Spekulationsgewinne steuerfrei, wobei innerhalb eines Kalenderjahrs Spekulationsgewinne und -verluste gegeneinander aufgerechnet werden können.

Spekulative Anlagestrategien

Im Gegensatz zu konservativen, renditeorientierten Formen der Geldanlage steht bei spekulativen Strategien die Erzielung hoher Kursgewinne im Vordergrund. Die Zeitperspektive ist meist kürzer als bei konservativem Vorgehen, kann sich aber auch – zum Beispiel im Rahmen einer Turnaround-Spekulation – über mehrere Jahre erstrecken. Bevorzugte Objekte spekulativer Anleger sind neben Derivaten (Optionsscheine, Optionen, Futures) vor allem Nebenwerte mit hohem Wachstumspotenzial oder Titel, die zuvor hohe Kursverluste erlitten haben. Wegen der hohen Risiken solcher Investitionen ist für spekulativ orientierte Investoren die Absicherung gegen Verluste unerlässlich. Spekulativ orientierte Investoren sollten grundsätzlich mit →Stopp-Kursen und/oder Depotdiversifikation arbeiten. Bei Papieren mit niedrigen Börsenumsätzen sind zudem Limits zu empfehlen. Wegen des oft kurzen Zeithorizonts spekulativer Investitionen ist es angebracht, die Spekulationsfrist zu beachten: Verlustbringende Engagements werden noch vor Ablauf eines Jahres nach dem Kauf glattgestellt, da solche Verluste gegen im gleichen Kalenderjahr angefallene Spekulationsgewinne bis maximal zur Höhe der Letzteren aufgerechnet werden können. Gewinnbringende Engagements werden hingegen länger als ein Jahr gehalten, da die Kursgewinne in diesem Fall in jeder Höhe steuerfrei vereinnahmt werden können.

Spin-off

Abtrennung von Tochterunternehmen durch einen Konzern. Wird die Tochter an die Börse gebracht, erhalten die Aktionäre in der Regel Aktien des neuen Unternehmens. Oft wird das Tochterunternehmen beziehungsweise der abgespaltene Konzernbereich jedoch auch an ein anderes Unternehmen oder an private Kapitalgeber verkauft.

Spitzen

Überhang neuer Aktien bei einer Kapitalerhöhung, die nicht dem Bezugsverhältnis entsprechend auf die Inhaber der alten Aktien verteilt werden können. Über die Verwendung entstandener Spitzen entscheidet die Hauptversammlung. Beim Aktionär entsteht eine Spitze, wenn die Zahl seiner Bezugsrechte nicht durch das Bezugsverhältnis teilbar ist (zum Beispiel fünf »alte« Aktien bei einer Kapitalerhöhung im Verhältnis 4 : 1). Er muss in diesem Fall zum Spitzenausgleich entweder eines seiner Bezugsrechte verkaufen oder, wenn er eine weitere neue Akte beziehen will, drei zusätzliche Bezugsrechte erwerben.

Spitzenausgleich

An- und Verkauf von → Spitzen.

Split, Stock Split

Aktienteilung. In den USA seit langem übliche, seit einiger Zeit auch in Europa verbreitete Maßnahme zur Vermeidung optisch hoher Aktienkurse. Nach einem Split im Verhältnis 2 : 1 besitzt der Aktionär statt einer nun zwei Aktien mit (rechnerisch) je dem halben Kurswert. Ein Split ist nicht mit der in Deutschland üblichen Ausgabe von Berichtigungsaktien zu verwechseln, weil er nicht mit einer Erhöhung des Grundkapitals verbunden ist. Da in den USA dreistellige Aktienkurse oft als zu hoch empfunden werden, finden Splits meist dann statt, wenn die betreffende Aktie die Marke von 100 Dollar deutlich übersteigt. Bei mit einem Nennwert ausgestatteten Aktien verringert sich dieser gemäß dem Split-Verhältnis. Bei nennwertlosen Aktien reduziert sich analog dazu der Anteil jeder einzelnen Aktie an Ertrag und Vermögen der Aktiengesellschaft.

Spread (I)

Strategie am Optionsmarkt, die aus dem Kauf einer Option und dem Verkauf einer anderen besteht, deren Basispreis sich von dem der ersten Option unterscheidet. Auf diese Weise sind die maximal möglichen Gewinne und Verluste von Anfang an bekannt.

Spread (II)

Ausdruck für die Differenz zwischen Geld- und Briefkurs eines Wertpapiers zum gleichen Zeitpunkt. Vor allem im Zusammenhang mit dem außerbörslichen Handel von Wertpapieren und im Derivatehandel gebräuchlich. In der Regel fällt der Spread umso geringer aus, je umsatzstärker das betreffende Wertpapier ist.

Spread, horizontaler

Beim horizontalen Spread werden Optionen mit gleichem Basispreis gehandelt. Die Option, deren Verfallstermin zeitlich näher liegt, wird verkauft, eine andere mit gleichem Basispreis gekauft.

Spread, vertikaler

Beim vertikalen Spread werden Optionen auf das gleiche Basisobjekt, mit unterschiedlichen Basispreisen, aber gleichem Verfallstermin gehandelt.

Sprint-Zertifikat

Zertifikat, das sich in der Regel auf eine bestimmte Aktie bezieht und mit einer Kursobergrenze (Cap) ausgestattet ist. Bis zum Erreichen dieser Obergrenze erreicht das Zertifikat die doppelte Performance wie der Basiswert, darüber hinaus profitiert der Anleger nicht mehr von weiteren Kursanstiegen. Das Risiko entspricht dem eines Direktinvestments in der betreffenden Aktie.

Squeeze-out

»Hinausdrängen« der Minderheitsaktionäre einer AG durch einen Anteilseigner, der mindestens 95 Prozent des Aktienkapitals kontrolliert. Der Mehrheitsaktionär hat das Recht, die Minderheitsaktionäre gegen Bezahlung eines angemessenen Betrags je Aktie aus dem Unternehmen zu drängen. Hauptziel eines Squeeze-out ist es meist, die betreffende Gesellschaft von der Börse zu nehmen und sich so teure Berichtspflichten zu ersparen oder das Unternehmen aufzuspalten. Die Frage, wie hoch der »angemessene« Betrag je Aktie auszufallen hat, führt allerdings immer wieder zu langwierigen Rechtsstreitigkeiten.

Stagflation

Bezeichnung für das Zusammentreffen einer Phase wirtschaftlichen Wachstumsstillstands (Stagnation) mit einem Kaufkraftverlust des Geldes (Inflation).

Stammaktie

Aktie, die dem Anteilseigner die im Aktiengesetz vorgesehenen Aktionärsrechte gewährt, insbesondere das Stimmrecht auf der Hauptversammlung.

Stämme

Börsenübliche Kurzbezeichnung für Stammaktien.

Standard & Poor's 500

Auch kurz als S&P 500 bezeichneter amerikanischer Aktienindex, der die Titel von 500 der größten US-Aktiengesellschaften umfasst. Der S&P 500 ist nach Marktkapitalisierung gewichtet und gehört neben dem Dow Jones Industrial Average, dem DAX-30 und dem Euro Stoxx 50 zu den meistbeachteten Aktienindizes der Welt.

Standardwerte

Übliche Bezeichnung für Aktien großer, hochkapitalisierter Unternehmen. Die internationale Bezeichnung lautet → Blue Chips.

Standing

International übliche Bezeichnung für das Ansehen eines Unternehmens oder eines Anleihenschuldners in der Öffentlichkeit. Das Standing wird insbesondere beeinflusst durch die Bonität, die Qualität der Unternehmensführung und die Entwicklung von Umsätzen und Gewinnen.

Stille Reserven

Sie entstehen durch bilanzielle Unterbewertung von Vermögensgegenständen eines Unternehmens oder durch Überbewertung von Verbindlichkeiten. So stehen oft vor langer Zeit erworbene Immobilien mit dem

Anschaffungspreis in der Bilanz, der weit unter dem aktuellen Marktwert liegt. Auch voll abgeschriebene, aber noch funktionstüchtige Produktionsanlagen spielen hier eine Rolle. Stille Reserven können einen erheblichen Beitrag zum Substanzwert eines Unternehmens leisten. Kursrelevant werden stille Reserven in erster Linie bei der Liquidation einer AG oder bei einer geplanten Übernahme. Stille Reserven werden zuweilen auch als stille Rücklagen bezeichnet.

Stillhalter

Verkäufer einer Option. Da die Option nur das Recht, nicht aber die Pflicht zur Ausübung beinhaltet, muss der Verkäufer bis zum Ende der Laufzeit »stillhalten«, also abwarten, ob der Käufer oder ein Dritter, an den dieser die Option weiterveräußert hat, die Erfüllung des Geschäfts verlangt oder nicht. Den Verkäufer einer Kaufoption nennt man im Börsenjargon »Stillhalter in Wertpapieren«, den Verkäufer einer Verkaufsoption »Stillhalter in Geld«.

Stimmrecht

Eines der wesentlichen Aktionärsrechte. Die Anzahl der Stimmen, die ein Aktionär auf der Hauptversammlung einer AG besitzt, richtet sich nach der Zahl der stimmberechtigten Aktien, die er im Depot hat. Kann ein Aktionär nicht an der Hauptversammlung teilnehmen, so ist die Übertragung des Stimmrechts auf Dritte möglich, zum Beispiel auf ein Kreditinstitut oder auf eine Aktionärsvereinigung.

Stimmrechtsbeschränkung

Nach § 134 Abs. 1 Aktiengesetz die in der Satzung einer AG festgelegte Beschränkung des Stimmrechts eines Aktionärs auf der Hauptversammlung für den Fall, dass ein einzelner Aktionär einen sehr großen Anteil am Grundkapital hält.

Stimmrechtsquote

Die Stimmrechtsquote eines einzelnen Aktionärs errechnet sich als Quotient des Gesamtnennwerts der von ihm gehaltenen Stammaktien zum stimmberechtigten Grundkapital. Als stimmberechtigtes Grundkapital bezeichnet man den auf Stammaktien entfallenden Anteil am Grundkapital der AG.

Stimmungsindikatoren

Psychologische Parameter, mit denen die aktuell vorherrschende Stimmung an einem bestimmten Kapitalmarkt ermittelt werden soll. Viel beachtete Stimmungsindikatoren sind zum Beispiel das Verhältnis positiv beziehungsweise negativ gestimmter Börsenbriefe, die Anzahl positiver beziehungsweise negativer Berichte über bestimmte Branchen und Einzelaktien oder die Stimmung am Optionsmarkt, die sich anhand der gehandelten Puts beziehungsweise Calls messen lässt. Stimmungsindikatoren versuchen somit, etwas per se nicht Messbares wie Optimismus und Pessimismus der Marktteilnehmer anhand von deren Äußerungen und Aktivitäten zu quantifizieren. Stimmungsindikatoren gelten als klassische Kontra-Indikatoren: Wenn Optimismus beziehungsweise Pessimismus der Marktteilnehmer ein extremes Ausmaß erreichen, ist es Zeit, die entgegengesetzte Position einzunehmen.

Stochastik-Indikator

Begriff aus der technischen Wertpapieranalyse. Er zeigt, an welcher Position innerhalb des während eines festgelegten Zeitraums beobachtbaren Kursspektrums die letzte oder aktuelle Notierung liegt. Mit Hilfe dieses Indikators sollen Fragen des Timing, also des richtigen Zeitpunkts von Kauf und Verkauf, beantwortet werden.

Stock Picking

Gezielte Auswahl einzelner Aktien nach bestimmten, vom Investor selbst festgelegten Kriterien. Solche Kriterien können zum Beispiel sein: Gewinnwachstum, Dividendenrendite, Branchenzugehörigkeit, Buchwert, Bewertung im Vergleich zu anderen, im selben Index vertretenen Aktien oder auch Kombinationen aus diesen Kriterien.

Stock Split

→ Split.

Stop-Loss-Limit

→ Stopp-Kurs.

Stopp-Kurs

Wichtiges Instrument zur Verlustbegrenzung im Rahmen des Risikomanagements bei Börsengeschäften. Schon beim Kauf kann der Anleger einen unterhalb des Einstandskurses liegenden Stopp-Kurs festlegen, bei dessen Unterschreiten die Position verkauft wird. Das Verlustrisiko ist somit auf die Differenz zwischen Kauf- und Verkaufskurs begrenzt. Die Entgegennahme von Stopp-Kursen wird von den Banken unterschiedlich gehandhabt. Bei Papieren mit heftigen Kursschwankungen sollte der Anleger beachten, dass Stopp-Aufträge natürlich nur ausgeführt werden können, wenn der Kurs »bezahlt« war und Umsätze stattgefunden haben. Falls die Bank keine Stopp-Aufträge entgegennimmt, sind Aufmerksamkeit und Selbstdisziplin des Anlegers gefordert. Er muss sich in diesem Fall überlegen, welchen Verlust er maximal in Kauf zu nehmen bereit ist, und bei Unterschreiten dieses Kursniveaus sofort einen Verkaufsauftrag erteilen.

Stopp-Order

Bei einer Stopp-Order wird der Auftrag als unlimitierter Kauf- beziehungsweise Verkaufsauftrag an den Markt gegeben, wenn ein festgelegter → Stopp-Kurs erreicht wurde.

Straddle

Gleichzeitiger Kauf von Kauf- und Verkaufsoptionen beziehungsweise -optionsscheinen mit demselben Basispreis und demselben Basisinstrument. Der Erwerb eines Straddle ist dann sinnvoll, wenn heftige Kursbewegungen erwartet werden, über deren Richtung jedoch Unklarheit besteht.

Strangle

Gleichzeitiger Kauf von Kauf- und Verkaufsoptionen beziehungsweise -optionsscheinen mit demselben Basisinstrument, jedoch zu unterschiedlichen Basispreisen. Die Einsatzmöglichkeiten des Strangle decken sich weitgehend mit denen des Straddle.

Strategie

An der Börse versteht man unter Strategie eine zumeist langfristig angelegte Vorgehensweise zur Erzielung attraktiver Renditen bei vertretbarem Risiko. Die Strategie umfasst verschiedene Kriterien zur Auswahl von Wertpapieren und deren Haltedauer im Depot. Die Auswahl kann zum Beispiel nach fundamentalen Kriterien erfolgen, zu denen das Kurs-Gewinn-Verhältnis, das Kurs-Buchwert-Verhältnis, die Dividendenrendite oder die langfristige Gewinnentwicklung des betreffenden Unternehmens zählen. Sie kann auch nach rein charttechnischen Gesichtspunkten erfolgen. Bei der Auswahl der Wertpapiere können zahlreiche Kriterien herangezogen werden oder im Extremfall, wie bei der Dow-Dividend-Strategie, nur zwei, nämlich die Zugehörigkeit zu einem Index und die Dividendenrendite. Für welche Strategie sich ein Anleger entscheidet, hängt in erster Linie von seinen persönlichen Anlagezielen und von seiner Bereitschaft ab, Risiken einzugehen.

Strategie-Zertifikat

Zertifikat, das einem Handelssystem folgt, sich auf einen Aktienkorb bezieht und dessen Wertentwicklung nachvollzieht, der vom Emittenten des Zertifikats regelmäßig anhand bestimmter Kriterien optimiert wird.

Streifbandverwahrung

Im Gegensatz zur Girosammelverwahrung werden Wertpapiere bei der Streifbandverwahrung für jeden Hinterleger (Eigentümer) gesondert aufbewahrt. Der Name des Eigentümers ist auf der Banderole (Streifband) vermerkt, mit der die Papiere gebündelt werden.

Streubesitz

Prozentualer, nicht in festen Händen befindlicher Anteil der von einer AG ausgegebenen Aktien. Die Schätzung des Streubesitzes ist stets mit Unwägbarkeiten verbunden.

Streubesitzaktionär

»Kleinaktionär«, der nur einen absolut und relativ geringen Anteil am Aktienkapital einer AG hält.

Stückaktie

Aktie ohne Nennwert (Quotenaktie), deren Anteil am Grundkapital sich lediglich anhand der Zahl der von einer AG ausgegebenen Aktien beziffern lässt. Stückaktien sind vor allem in den USA weit verbreitet.

Stückzinsen

Bei Kauf und Verkauf festverzinslicher Wertpapiere werden die seit dem jeweils letzten Zinszahlungstermin angefallenen Zinsen dem Kurswert zugeschlagen, da der Erwerber den Zinszahlungsanspruch ab der letzten Zahlung miterwirbt. Als Ausgleich dafür zahlt er dem Verkäufer quasi im Voraus die Zinsen für den Zeitraum, in dem die Papiere noch in dessen Besitz waren. Die Stückzinsen lassen sich berechnen, indem man den Nominalzins des Wertpapiers durch 360 teilt und mit der Zahl der Tage (»Zinstage«) multipliziert, die seit der letzten Zinszahlung vergangen sind.

Stufenlimits

Strategie, die den Erwerb von Aktien in mehreren Teilpaketen zu fallenden und/oder den Verkauf zu steigenden Kursen vorsieht. Dadurch kann ein Kursgewinn erreicht werden, da der durchschnittliche Kaufkurs unter dem durchschnittlichen Verkaufskurs liegt.

Submerging Markets

»Untergehende« Märkte. Scherzhaft-sarkastische Bezeichnung für die Emerging Markets in Zeiten stark fallender Kurse.

Substanzwert

Bei Unternehmen versteht man unter dem Substanzwert die Summe aller Vermögenswerte abzüglich der Verbindlichkeiten. Besonders wichtig ist der Substanzwert bei der Liquidation einer Aktiengesellschaft und im Fall einer Unternehmensübernahme, da unter Umständen erhebliche → stille Reserven vorhanden sind, die im Kurswert der betreffenden Aktie zuvor kaum berücksichtigt worden waren.

Substanzwertorientierte Anlagestrategie

Hier steht nicht die Ertragskraft eines Unternehmens im Vordergrund, sondern der Substanzwert. Daher ist das Kurs-Buchwert-Verhältnis das wichtigste Kriterium, während die für ertragswertorientierte Investoren ungleich wichtigeren Kennzahlen wie Kurs-Gewinn-Verhältnis und Kurs-Cashflow-Verhältnis in den Hintergrund rücken. Substanzwertorientierte Anleger konzentrieren sich vor allem auf solche Aktien, deren Buchwerte in der Vergangenheit konstant gestiegen sind und bei denen eine Fortsetzung dieser Tendenz zu erwarten ist. Fällt der Kurswert der Titel zurück, etwa wegen einer allgemeinen Schwächephase an der Börse, dann ist für solche Anleger, die stets langfristig disponieren, ein attraktiver Einstiegszeitpunkt gekommen.

Super-Bowl-Indikator

Die Super Bowl ist das Endspiel um die Profi-Meisterschaft im American Football und wird jährlich zwischen den Champions der beiden Ligen National Football Conference (NFC) und American Football Conference (AFC) ausgetragen. Es findet stets im Januar statt. In der Vergangenheit folgte dem Sieg eines aus der NFC stammenden Teams fast immer ein gutes Börsenjahr. Wenn der Sieger aus der AFC kam – was allerdings selten der Fall war –, lief es an der Börse meist weit weniger gut. 1998 und 1999 waren jedoch Ausnahmen: Beide Male siegte mit den Denver Broncos ein AFC-Team – und die Börsentendenz blieb dennoch freundlich. Natürlich kommt diesem Indikator bei vernünftiger Betrachtung keine prognostische Bedeutung zu. Es war eben lange Zeit so, dass eine freundliche Börsentendenz herrschte und die NFC gleichzeitig bessere Teams beherbergte als die AFC. Dennoch wird dieser Indikator in den USA stark beachtet – obwohl es niemand wirklich zugeben würde.

Symmetrische Dreiecksformation

→ Dreieck.

simplified

T

Tafelgeschäft

Wertpapier- oder Devisengeschäft, das am Bankschalter »Zug um Zug«, also durch Aushändigung der Papiere und sofortige Barzahlung, abgewickelt wird.

Tagesgültig

Auftrag, der nur für einen bestimmten Börsentag gültig ist und bei Nichtausführbarkeit erlischt. Üblich sind zum Beispiel tagesgültige Limits bei Wertpapierkäufen.

Talon

Erneuerungsschein, der dem Dividendenbogen einer Aktie beigelegt ist. Wenn der alte Dividendenscheinbogen nach Jahren aufgebraucht ist, kann man mit dem Talon einen neuen anfordern.

Taxkurs

Vom Kursmakler an der Börse mangels tatsächlicher Kauf- und Verkaufsaufträge geschätzter (taxierter) Kurs eines Wertpapiers.

TecDAX

Auswahlindex der Deutschen Börse, der die 30 liquidesten und nach Marktkapitalisierung größten Aktien unterhalb des DAX-30 enthält, die aus Technologiebranchen stammen. Dabei kann es sich um Aktien deutscher oder ausländischer Unternehmen handeln. Neben dem MDAX bildet der TecDAX somit die »zweite Liga« der Deutschen Börse. Voraussetzung für die Indexaufnahme ist die Notiz im → Prime Standard.

Technische Reaktion

Begriff aus der Chartanalyse. Kurzfristige Gegenreaktion innerhalb eines intakten Auf- oder Abwärtstrends. Die Charttechniker interpretieren solche Phänomene als Reaktion auf vorhergegangene starke Kursgewinne oder -verluste.

Technische Wertpapieranalyse

Die technische Wertpapieranalyse untersucht im Gegensatz zur Fundamentalanalyse nicht monetäre, volkswirtschaftliche oder unternehmensspezifische Entwicklungen, sondern die Kurs- und Umsatzverläufe von Wertpapieren. Diese Verläufe werden grafisch in so genannten Charts dargestellt. Die Grundannahme dabei lautet, dass alle Faktoren, die eine Aktie beeinflussen, unmittelbar im Kurs und im Umsatz zum Ausdruck kommen. Die Analyse dieser Verläufe ermöglicht daher Rückschlüsse auf künftige Entwicklungen.

Telefonverkehr

Bezeichnung für den Ungeregelten Freiverkehr. Der Wertpapierhandel findet außerbörslich statt, meist zwischen Banken. Im Telefonverkehr werden Papiere gehandelt, die an der jeweiligen Börse nicht im Amtlichen Handel, im Geregelten Markt oder im Geregelten Freiverkehr notiert sind. Der Telefonverkehr liegt in der Verantwortung der beteiligten Banken und Händler, eine explizite Überwachung durch den Börsenvorstand findet nicht statt.

Tenderverfahren

Verfahren zur Platzierung einer Emission festverzinslicher Wertpapiere am Kapitalmarkt. Es zeichnet sich durch Flexibilität aus, bei Festlegung der Emissionsbedingungen spielt die jeweils aktuelle Marktlage, ausgedrückt durch die Nachfrage seitens potenzieller Käufer, eine herausragende Rolle. Mengentender. → Zinstender.

Terminbörse

Börsenmäßig organisierter Markt für den Terminhandel.

Termineinlagen

Geldeinlagen bei Banken, wobei die Laufzeit (Festgeld) oder die Kündigungsfrist (Kündigungsgeld) festgelegt sind.

Termingeschäft

Zweiseitiges Rechtsgeschäft über Kauf oder Verkauf einer bestimmten Menge eines Gutes (etwa einer Ware oder eines Finanzinstruments), bei dem Vertragsabschluss und Erfüllung zeitlich getrennt sind.

Terminhandel

Börsenmäßig organisierter Handel von Waren, Devisen und Finanzinstrumenten »auf Termin«, das heißt der Vertragsabschluss und die Erfüllung (Lieferung und Bezahlung oder Barausgleich) finden zu verschiedenen, vertraglich fixierten Zeitpunkten statt.

Terminkontrakt

Vertrag über ein Termingeschäft. Terminkontrakte werden an organisierten Märkten (Terminbörsen) gehandelt. Dabei wird unterschieden zwischen Terminkontrakten auf Finanzinstrumente (Finanzterminkontrakte, Financial Futures) und auf Waren (Warenterminkontrakte, Commodity Futures).

Thesaurierungsfonds

Investmentfonds, der Erträge nicht an die Anteilseigner ausschüttet, sondern in entsprechende Fondswerte reinvestiert.

Theta

Kennzahl für den Zeitwert beziehungsweise Zeitwertverfall von Optionsrechten pro Zeiteinheit. Das »Theta pro Woche« gibt zum Beispiel den prozentualen wöchentlichen Wertverlust eines Optionsscheins für den Fall an, dass der Kurs des Basisobjekts unverändert bleibt.

The Trend is your Friend

Alte »Börsenweisheit«, die besagt, dass es sich an der Börse nicht auszahlt, gegen einen stabilen und intakten Trend zu agieren. Vielmehr handelt in der Regel derjenige richtig, der sowohl die Richtung und die Intensität als auch die Dauer eines Trends richtig zu prognostizieren vermag und seine Engagements entsprechend gestaltet.

Tick

→ Basispunkt.

Tilgung

Ab- oder Rückzahlung einer langfristigen Schuld. Die Tilgung kann, je nach den vereinbarten Rückzahlungsbedingungen, in Raten oder in einem Betrag (gesamtfällige Schuld) erfolgen. Eine weitere Tilgungsmodalität ist der Rückkauf von Schuldverschreibungen durch den Schuldner an der Börse.

Time Value

→ Zeitwert.

Timing

Wahl des »richtigen«, also möglichst gewinnbringenden Zeitpunkts von Kauf und Verkauf an der Börse.

Top

Im Rahmen der technischen Wertpapieranalyse die Bezeichnung für die Spitze und somit für das vorläufige Ende einer Aufwärtsbewegung.

Top-Bildung

In der technischen Analyse Bezeichnung für das allmähliche Ende eines längeren Kursaufschwungs. Der Kurs bildet über gewisse Zeit auf dem erreichten hohen Niveau ein Top, das nicht mehr überschritten wird. Eine Top-Bildung gilt als Warnsignal für einen bevorstehenden Kursrückgang

Top-10

Variante der → Dow-Dividend-Strategie.

Totalverlust

Verlust des gesamten für den Kauf eines Wertpapiers eingesetzten Betrags. Bei Aktien ist ein Totalverlust möglich, wenn die betreffende AG in Konkurs geht, bei Optionsrechten, wenn sie am letzten Tag der Laufzeit keinen inneren Wert aufweisen. Bei bestimmten Optionsscheinvarianten kann es auch bereits während der Laufzeit zu einem Totalverlust kommen, wenn der Kurs des Basisobjekts eine festgelegte Kursschwelle oder Kursbandbreite verletzt (Bandbreiten-Optionsscheine, Knock-out-Optionsscheine).

Track Record

Bezeichnung für die Performance eines Fonds beziehungsweise eines Fondsmanagers in der Vergangenheit. Ein überdurchschnittlicher Track Record über einen langen Zeitraum gilt als wichtiges Qualitätsmerkmal, da dem Fonds zugetraut wird, ein vergleichbares Ergebnis auch in Zukunft zu erreichen.

Trader

Eigentlich »Händler«. Im Zusammenhang mit Börsengeschäften bezeichnet man solche Marktteilnehmer als Trader, die durch schnelles Kaufen und Verkaufen kurzfristige Trends auszunutzen versuchen.

Trading

Kurzfristiges Kaufen und Verkaufen an der Börse, um von vorübergehenden Kursschwankungen zu profitieren.

Trading Range

Beobachtete oder erwartete Schwankungsbreite einer Kursbewegung. Oft wird versucht, diese Schwankungsbreite durch wiederholte Käufe an deren unterem und Verkäufen am oberen Ende zu kurzfristigen Engagements auszunutzen. Die Vorgehensweise nennt man Range-Trading.

Trend

Über längere Zeit andauernde Kursbewegung in eine gleich bleibende Richtung. Die Trendanalyse von Wertpapieren und Märkten hat den Zweck, aus

Daten der Vergangenheit Rückschlüsse auf die wahrscheinliche künftige Tendenz zu generieren.

Trendfolgesystem

Handelssystem, bei dem diejenigen Aktien gekauft werden, die sich in einem bestimmten Vergleichszeitraum (beispielsweise im zurückliegenden Quartal oder Monat) am besten entwickelt haben. Meist wird die Auswahl der in Frage kommenden Aktien im Voraus dadurch eingeschränkt, dass nur Titel aus einem bestimmten Index oder oberhalb einer bestimmten Marktkapitalisierung in Betracht kommen.

Trendkanal

Begriff aus der technischen Analyse. Wird in einen Chart parallel zur Trendlinie eine zweite Linie eingezeichnet, so erhält man einen Kanal, der die Kursschwankungsbreite innerhalb des Trends bezeichnet. Bei einem Aufwärtstrend wird die parallele Linie (Kanallinie) durch die Kurshochs gezogen, bei einem Abwärtstrend durch die Kurstiefs. An der Kanallinie und der Trendlinie stoßen die Kurse oft auf Widerstand beziehungsweise Unterstützung, was eine Reaktion in die Gegenrichtung zur Folge hat. Das Durchbrechen einer der beiden Linien signalisiert, je nach Ausbruchsrichtung, entweder das Ende eines Trends oder seine Beschleunigung.

Trendlinie

In der technischen Analyse helfen Trendlinien, die Steilheit eines Kurstrends zu bestimmen und dessen Ende zu prognostizieren. Bei einem Aufwärtstrend wird die Trendlinie durch die jeweiligen Kurstiefs gezogen, die man auch Reaktionstiefs nennt, bei einem Abwärtstrend durch die jeweiligen Zwischenhochs. Im Abwärtstrend verläuft die Trendlinie daher von links oben nach rechts unten, im Aufwärtstrend von links unten nach rechts oben. Ein Durchbrechen des aktuellen Kurses durch die Trendlinie signalisiert das Ende des Trends.

Trendumkehrformation

→ Umkehrformation.

Treppenlimits

Siehe Stufenlimits.

Trinity-Double-Lock-out-Warrant

Diese Optionsscheinvariante stellt sozusagen die Steigerung eines → Onion Warrant dar. Sie weist nicht wie der Onion Warrant zwei, sondern drei Kursbandbreiten (Ranges) auf. Den höchsten Profit erzielt der Anleger, wenn der Kurs des Basisobjekts während der gesamten Laufzeit innerhalb der innersten Bandbreite verharrt. Fällt oder steigt er in den Bereich der mittleren oder der äußeren Bandbreite, so verringert sich der Auszahlungsbetrag. Verlässt der Kurs auch die äußere Range, dann verfällt der Optionsschein wertlos.

Troy Ounce

International übliche Bezeichnung für Feinunze (31,1 Gramm).

Turnaround

Aus dem Amerikanischen übernommene Bezeichnung für die Rückkehr eines Unternehmens in die Gewinnzone, das zuvor Verluste ausgewiesen hatte. Im allgemeineren Sinn wird auch eine grundlegende Verbesserung einer Unternehmenssituation als Turnaround bezeichnet.

Turbo-Optionsscheine

Optionsscheinvariante, deren Basisobjekte keine Aktien, Indizes oder Rohstoffe, sondern andere Optionsscheine sind. Sie gelten daher wegen der kumulierten Hebelwirkung als überaus spekulativ.

Turnaround-Spekulation

Kauf von Aktien eines Unternehmens, das sich in einer schwierigen Phase befindet. Die Hoffnung dabei: Die AG könnte den Turnaround schaffen und bald wieder Gewinne erwirtschaften. Die Aktien solcher Unternehmen weisen meist einen Kurswert auf, der im historischen Vergleich äußerst niedrig liegt. Wenn der Turnaround gelingt, kann der Anleger oft erhebliche Gewinne erzielen. Wenn nicht, ist ein Totalverlust nicht völlig auszuschließen.

U

Überkauft

Nach einer Phase stark anziehender Notierungen sprechen technische Analysten von einer überkauften Situation. Überkaufte Aktien und Märkte sind anfällig für eine Gegenbewegung nach unten. In der technischen Analyse gilt eine Marktsituation als überkauft, wenn ein Oszillator einen oberen Extremwert erreicht.

Übernahme

Aufkauf eines Unternehmens durch ein anderes. Der Interessent macht den Anteilseignern der zu übernehmenden AG ein Angebot, das meist deutlich über dem aktuellen Kurswert der Aktien liegt. Eine Übernahme kann in gegenseitigem Einvernehmen oder gegen den erklärten Willen des zu Übernehmenden erfolgen. Im letzteren Fall spricht man von einer feindlichen Übernahme. Bekannte Beispiele für Letztere waren die Übernahmen von Mannesmann durch Vodafone und von PeopleSoft durch Oracle Systems.

Überpari-Emission

Ausgabe von Wertpapieren zu einem über dem Nennwert liegenden Emissionskurs. Üblich sind Überpari-Emissionen zum Beispiel bei der Ausgabe neuer Aktien im Rahmen einer ordentlichen Kapitalerhöhung.

Überschuldung

Überwiegen der Verbindlichkeiten eines Unternehmens über sein Vermögen. Bei Aktiengesellschaften ist die Überschuldung neben der Zahlungsunfähigkeit ein Insolvenzgrund.

Überverkauft

Überverkauft ist eine Aktie nach einer Phase des starken Kursrückgangs bei hohen Umsätzen. Analog zur überkauften Situation ist auch hier eine Gegenbewegung (Konsolidierung) wahrscheinlich. In der technischen Analyse gilt eine Marktsituation als überverkauft, wenn ein Oszillator einen unteren Extremwert erreicht.

Überzeichnung

Von Überzeichnung spricht man, wenn bei einer Wertpapieremission, zum Beispiel beim Börsengang einer AG, das nachgefragte Volumen das zur Zeichnung anstehende Angebot übersteigt. Bei Aktien-Neuemissionen kam es in den vergangenen Jahren sehr häufig zu einer solchen Situation. Die dann erforderliche Zuteilung der Papiere erfolgt entweder prozentual – bei einer 100-prozentigen Überzeichnung erhält zum Beispiel jeder Interessent exakt die Hälfte der von ihm angeforderten Titel – oder in der Form, dass kleine Zeichnungsbeträge voll zugeteilt und große gekürzt werden. Oft werden allerdings auch die Kunden der an der Emission beteiligten Banken bevorzugt bedient.

Ultimo

Bezeichnung für den letzten Börsenhandelstag des Monats.

Ultimogültig

Bezeichnung für Wertpapieraufträge, die vom Tag der Erteilung bis zum letzten Börsenhandelstag des Monats gültig bleiben sollen.

Umkehrformation

Begriff aus der technischen Wertpapieranalyse. Sammelbezeichnung für einige Chartformationen, die als Zeichen einer bevorstehenden Trendumkehr interpretiert werden. Die wichtigsten Trendumkehrformationen sind M-Formation, W-Formation, Schulter-Kopf-Schulter-Formation und Untertassenformation.

Umlaufrendite

Aktuelle Rendite im Umlauf befindlicher festverzinslicher Wertpapiere im Gegensatz zu deren Nominalrendite. Die Entwicklung der Umlaufrendite an den Anleihenmärkten hat große Auswirkungen auf den Aktienmarkt, wobei sich steigende Zinsen in aller Regel negativ auswirken.

Umsatz

Bei Unternehmen bezeichnet der Umsatz die Erlössumme aus dem Verkauf von Produkten und Dienstleistungen, an der Börse die Summe der Kurswerte der an einem Tag gehandelten Wertpapiere.

Und-Depot

Gemeinschaftliches Wertpapierdepot, über das die Inhaber nicht einzeln, sondern nur gemeinsam verfügungsberechtigt sind.

Underlying

→ Basisinstrument.

Underperformance

Bezeichnung für die Tatsache, dass ein Wertpapier, ein Fonds oder ein Depot in einem bestimmten Zeitraum eine niedrigere Rendite erzielt hat als der Vergleichsindex (Benchmark).

Uneinheitlich

Tendenzbezeichnung an Börsentagen ohne klaren Trend. Manche Aktien steigen, andere sinken, aber gemessen am Index ergeben sich keine wesentlichen Veränderungen.

Unterpari-Emission

Ausgabe von Wertpapieren zu einem unter dem Nennwert liegenden Emissionskurs. Bei Aktien in Deutschland nicht zulässig.

Unterstützung

Wichtiger Begriff aus der technischen Wertpapieranalyse. Fällt der Kurs einer Aktie mehrmals auf ein bestimmtes Niveau, um sich anschließend zu erholen, so spricht man von einer Unterstützung. Ursache einer Unterstützung kann sein, dass jeweils auf diesem Niveau massive Käufe einsetzen oder weitere Verkäufe unterbleiben. Dies lässt den Kurs wieder nach oben drehen. Wird eine Unterstützung schließlich doch nach unten durchbrochen, so wird sie zum Widerstand.

Untertassenformation

Begriff aus der technischen Wertpapieranalyse. Eine schwächer werdende Abwärtsbewegung kommt zum Stillstand, der Kurs verharrt zunächst auf dem erreichten, tiefen Niveau, um anschließend langsam in eine Aufwärtsbewegung überzugehen. Die Untertassenformation wird als Anzeichen einer Trendumkehr interpretiert und gilt als eine der wichtigsten Umkehrformationen.

Unterzeichnung

Von Unterzeichnung spricht man, wenn bei einer Wertpapieremission die Nachfrage geringer ausfällt als das zur Zeichnung stehende Angebot und die Emission daher nicht gänzlich am Markt platziert werden kann. Bei Aktienemissionen kommt es relativ selten zu einer Unterzeichnung, bei Emissionen festverzinslicher Wertpapiere dagegen weitaus häufiger.

Unze

Feinunze.

US-GAAP

Generally Accepted Accountig Principles; in den USA allgemein akzeptierte Grundsätze und Regeln der externen Rechnungslegung. Dieser Normenkatalog ist für alle Unternehmen verbindlich, deren Wertpapiere an einer amerikanischen Börse notiert sind.

V

Value-Strategie

Anlagestrategie, bei der vor allem Aktien von Unternehmen gekauft werden, die relativ zum aktuellen Kurswert einen überdurchschnittlich hohen Buchwert aufweisen. Dahinter steckt die Überlegung, dass der hohe Substanzwert der betreffenden Aktien früher oder später an der Börse erkannt werden wird, was zu Kurssteigerungen führen sollte.

Valuta

International gebräuchliche Bezeichnung für die Währung eines bestimmten Landes. Wird meist für Fremdwährungen gebraucht.

Valutierung

Auf Kontoauszügen vermerktes Wertstellungsdatum, ab dem die Verzinsung von Gut- oder Lastschriften erfolgt beziehungsweise endet.

VDAX

Der VDAX (Volatilitäts-DAX) misst die impliziten Volatilitäten der an der EUREX gehandelten DAX-Optionen mit einer Restlaufzeit von maximal 45 Tagen. Als Maß für die von den Marktteilnehmern erwartete Schwankungsbreite des DAX-30 ist er für die Preisgestaltung von Optionen und Optionsscheinen von großer Bedeutung.

Vega

Im Rahmen der Optionspreistheorie die Kennzahl für die Sensitivität des Optionsscheins gegenüber Volatilitätsschwankungen des Basisinstruments.

Venture Capital

Risikokapital zur Finanzierung neuartiger, riskanter, aber zugleich zukunftsträchtiger und chancenreicher Projekte oder Technologien.

Verbilligung

Nachkauf weiterer Stücke eines bereits früher erworbenen Wertpapiers zu niedrigeren Kursen, um einen günstigeren durchschnittlichen Einstandskurs zu erreichen. Diese Vorgehensweise ist nicht ohne Gefahren, denn der Kurs kann ja immer weiter absinken, sodass sich der Anleger schließlich »zu Tode verbilligt«.

Verfallstermin

Allgemein Termin zur Rückzahlung von Verbindlichkeiten. Bei Optionsscheinen und Optionen der letzte Tag der Laufzeit. Nach dem Verfallstermin werden Optionsrechte wertlos.

Vergleich

Vertrag zwischen einem in Zahlungsschwierigkeiten geratenen Schuldner und seinen Gläubigern, wobei Letztere auf einen Teil ihrer Forderungen gegen den Schuldner verzichten, um einen Konkurs abzuwenden. Ein Vergleich kann außergerichtlich durch freie Vereinbarung zustande kommen oder das Ergebnis eines gerichtlichen Vergleichsverfahrens sein.

Vergleichsindex

Benchmark.

Vergleichsverfahren

Gerichtliches Verfahren zur Herbeiführung einer Einigung zwischen einem in Zahlungsschwierigkeiten befindlichen Schuldner und seinen Gläubigern. Zweck des Verfahrens sind die Herbeiführung eines Vergleichs über die weitere Fortführung eines Unternehmens und die nur teilweise Erfüllung der Gläubigeransprüche.

Verkäufermarkt

Beschreibung einer Situation auf dem Kapitalmarkt, die sich durch beträchtlichen Nachfrageüberhang oder durch rasch steigendes Nachfragevolumen auszeichnet.

Verkaufsoptionsschein

→ Put Warrant.

Verkaufssignal

In der technischen Wertpapieranalyse werden bestimmte Kursverläufe als Zeichen für künftig sinkende Notierungen interpretiert. In diese Kategorie fallen zum Beispiel das Absinken unter eine zuvor stabil wirkende Unterstützung, das mehrmalige Scheitern an einem Widerstand und das Absacken des Kurses unter einen gleitenden Durchschnitt.

Verlustbegrenzung

Sammelbezeichnung für gezielte Maßnahmen zur Reduzierung des mit Börsengeschäften unvermeidlich verbundenen Verlustrisikos. Die Risikobegrenzung kann sich dabei auf die Gesamtheit des Anlagekapitals beziehen (Asset Allocation) oder auf eine einzelne Wertpapierposition. Neben dem Management des absoluten Verlustrisikos durch Einsatzbegrenzung steht die prozentuale Verlustbegrenzung durch → Stopp-Kurse im Vordergrund. Der Anleger setzt dabei – meist schon unmittelbar nach dem Kauf des Papiers – einen unter dem Einstandspreis liegenden Kurs fest, bei dessen Unterschreiten die gesamte Position sofort verkauft wird.

Verlustpotenzial

Maximales Verlustrisiko eines Börsengeschäfts, messbar in Währungseinheiten oder in Prozentpunkten des Einsatzes.

Vertikaler Spread

→ Spread, vertikaler.

Verwaltungsgebühr

→ Management Fee.

Verzinsung

Laufender Zinsertrag beziehungsweise Rendite einer Wertpapieranlage. Man unterscheidet dabei die Nominal- und die Effektivverzinsung. Die Nominalverzinsung gibt die auf den Nennwert bezogene Verzinsung in Prozent an, die Effektivverzinsung bezieht sich anstelle des Nennwerts auf den aktuellen Kurswert des Wertpapiers.

Vinkulierte Namensaktie

Sonderform der Namensaktie. Nach § 68 Abs. 2 Aktiengesetz ist für die Eigentumsübertragung an vinkulierten Namensaktien außer den bei gewöhnlichen Namensaktien vorgesehenen Bedingungen auch die Zustimmung der jeweiligen Aktiengesellschaft erforderlich.

Volatilität

Die Volatilität ist das Maß für die relative Schwankungsbreite und damit für das Kursrisiko eines Wertpapiers innerhalb eines bestimmten Zeitraums. Sie wird mit Hilfe statistischer Streuungsmaße wie Varianz oder Standardabweichung gemessen. Eine Volatilität von 30 Prozent innerhalb eines Jahres bedeutet, dass der Kurs in diesem Zeitraum durchschnittlich zwischen 70 und 130 Prozent des aktuellen Kurswerts geschwankt hat. Je höher die Volatilität, desto größer sind die Schwankungen, die das Wertpapier in der Vergangenheit gezeigt hat – und desto riskanter ist eine Investition. Ein wenig problematisch ist dabei, dass man die Volatilität der Vergangenheit (historische Volatilität) nicht ohne weiteres in die Zukunft extrapolieren kann. Für die Zukunft ist man daher stets auf Schätzungen (implizite oder implizierte Volatilität) angewiesen.

Volatilitätskurve

Grafische Darstellung der erwarteten (impliziten) Volatilität eines Finanzinstruments oder eines Marktes innerhalb eines bestimmten Zeitraums.

Vorbörse

Wertpapierhandel vor Beginn der offiziellen Börsenhandelszeit. Die Vorbörse ist ein guter Indikator für die voraussichtliche Tagestendenz.

Vorstand

Organ der Aktiengesellschaft. Der Vorstand besteht aus einer oder mehreren Personen und hat in eigener Verantwortung die AG zu leiten. Vorstand oder Vorstandsmitglied kann nur eine natürliche, unbeschränkt geschäftsfähige Person sein. Neben Geschäftsführung und Berichterstattung gehört die gerichtliche und außergerichtliche Vertretung der Gesellschaft zu den Aufgaben des Vorstands. Der Vorstand wird vom Aufsichtsrat der AG bestellt und abberufen.

Vorzugsaktie

Aktie, die mit bestimmten Vorrechten ausgestattet ist. Meist liegt die Dividende höher als bei der Stammaktie der betreffenden AG, oder die Vorzugsaktie ist mit einer Garantiedividende ausgestattet. Die Satzung der AG sieht meist auch eine Besserstellung der Vorzugsaktionäre für den Fall der Abwicklung (Liquidation) der Gesellschaft vor. Im Gegenzug ist das Stimmrecht auf der Hauptversammlung ausgeschlossen.

Vorzüge

Börsenübliche Kurzbezeichnung für Vorzugsaktien.

W

W-Formation

Trendumkehrformation aus der technischen Wertpapieranalyse. Der Chart zeigt die Form des Buchstaben »W« mit drei auf etwa gleicher Höhe liegenden Spitzen und zwei Tiefen. Die W-Formation wird als Zeichen einer Trendwende von einer Abwärts- zu einer Aufwärtsbewegung interpretiert, wobei sich ihre Ausbildung mindestens über einen Zeitraum von zwei Monaten erstreckt haben sollte.

Wachstumswert/Wachstumsaktie

Bezeichnung für die Aktie eines Unternehmens, das sich durch überdurchschnittliches Umsatz- und Ertragswachstum auszeichnet. Kennzeichnend für Wachstumswerte sind innovative Produktpolitik, hoher Aufwand für Forschung und Entwicklung sowie erfolgreiche Durchdringung neuer Absatzmärkte.

Währung

Die gesetzliche Geldordnung eines Staates. Gesetzliches Zahlungsmittel mit einem durch die Kaufkraft bestimmten Binnenwert und einem durch den Wechselkurs gegenüber anderen Währungen bestimmten Außenwert (Valuta).

Währungsgewinne

Bezeichnung für den Vermögenszuwachs, der dem Inhaber auf Fremdwährung lautender Wertpapiere (auch Bankguthaben oder Forderungen) entsteht, wenn die Fremdwährung gegenüber der Heimatwährung im Wechselkurs zulegt.

Währungsoptionsschein

→ Devisen-Optionsschein.

Währungsrisiko

Beschreibt das Risiko für Eigentümer auf Fremdwährung lautender Wertpapiere, durch Wechselkurseinbußen der Fremdwährung im Vergleich zur Heimatwährung Verluste zu erleiden.

Wall Street

Straße in Manhattan, in der die New York Stock Exchange beheimatet ist. Wall Street wird im Börsenjargon daher häufig als Synonym für den US-Kapitalmarkt schlechthin und insbesondere für den Aktienmarkt verwendet.

Wandaktien

Scherzhafte Bezeichnung für Nonvaleurs, weil diese aufgrund ihrer oft sehr ansprechenden künstlerischen Gestaltung gern als Wandschmuck verwendet werden.

Wandelanleihe

Von einer Aktiengesellschaft emittierte Anleihe, die dem Inhaber das Recht verbrieft, sie zu einem bestimmten Zeitpunkt in einem festgelegten Verhältnis in Aktien der betreffenden AG umzutauschen beziehungsweise zu wandeln. Dazu ist in der Regel – zusätzlich zur Einrichtung der Anleihe – ein festgelegter Wandlungspreis zu entrichten. Die Wandelanleihe bietet also einerseits den Vorteil der festen Verzinsung und andererseits die Möglichkeit, Aktionär der AG zu werden. Es besteht nur das Recht, nicht aber die Pflicht, die Anleihe in Aktien zu wandeln. Wegen des Vorteils der Wandelbarkeit weisen Wandelanleihen bei der Emission in der Regel eine deutlich geringere Verzinsung auf als »normale« Anleihen mit entsprechender Laufzeit. Der Börsenkurs von Wandelanleihen wird nicht so sehr vom allgemeinen Zinstrend als vielmehr von der Kursentwicklung der betreffenden Aktie beeinflusst. In mancher Hinsicht vereinigt die Wandelanleihe also Vor- und Nachteile eines festverzinslichen Wertpapiers und einer Aktie in sich.

Wandlung

Umtausch von Wandelanleihen in Aktien. Die Wandelanleihe verbrieft das unentziehbare Recht zur Wandlung zu den festgelegten Wandlungsbedingungen.

Wandlungsbedingungen

Die Wandlungsbedingungen legen die Umstände der Wandlung fest. Insbesondere ist geregelt, wie viele und welche Aktien (zum Beispiel Stamm- oder Vorzugsaktien) erworben werden können, zu welchem Zeitpunkt die Wandlung möglich ist und welcher Wandlungspreis zu entrichten ist.

Wandlungspreis

Zuzahlung, die der Inhaber einer Wandelanleihe zu leisten hat, wenn er diese in Aktien wandeln möchte. Der Wandlungspreis ist in den Wandlungsbedingungen festgelegt und kann fixiert oder variabel sein. Zum Beispiel kann er in Abhängigkeit von Dividendenzahlungen oder dem Kurswert der Aktie innerhalb eines in den Wandlungsbedingungen festgelegten Rahmens schwanken.

Warenoptionsschein

Optionsschein mit einer Ware (etwa Gold, Silber, Kupfer oder Öl) als Basisinstrument. Warenoptionsscheine verbriefen das Recht zum Kauf oder Verkauf einer in den Optionsbedingungen festgelegten Menge einer Ware. Mit Kaufoptionsscheinen kann dabei auf steigende, mit Verkaufsoptionsscheinen auf fallende Warenpreise spekuliert werden. Im Vergleich zu anderen Optionsscheinarten, etwa Aktien-, Index- oder Zinsoptionsscheinen, spielen Warenoptionsscheine sowohl von den Börsenumsätzen als auch von der Anzahl der börsennotierten Papiere her nur eine untergeordnete Rolle.

Warentermingeschäft

Börsenmäßig organisierte Termingeschäfte in Handelswaren wie Kaffee, Metallen, Öl, Kakao und dergleichen. Lieferung, Abnahme und Bezahlung der Waren werden zu einem späteren Zeitpunkt vereinbart. Im Prinzip dient der Warenterminhandel dazu, dass Erzeuger und Abnehmer der

Waren sich gegen zukünftige Preisschwankungen absichern können. Aufgrund der überaus starken Preisschwankungen an den Warenterminbörsen beteiligen sich jedoch auch Investoren, die auf schnelle spekulative Kursgewinne aus sind.

Warenterminkontrakt

Terminkontrakt, der sich auf eine bestimmte Menge einer Ware bezieht. International werden Warenterminkontrakte als Commodity Futures bezeichnet.

Warrant

International übliche Bezeichnung für Optionsscheine (siehe auch dort und unter → Covered Warrant).

Weekly Reversal

Wochenumkehr.

Weiche Landung

Soft Landing.

Wertpapier

Sammelbezeichnung für Urkunden, die ein Vermögensrecht in der Art verbriefen, dass dieses Recht ohne die Urkunde weder geltend gemacht noch übertragen werden kann. Börsenfähige Wertpapiere werden auch Effekten genannt.

Wertpapierdarlehen

Darlehen, das eine Bank ihrem Kunden zum Zweck des Erwerbs von Wertpapieren gewährt. Die Wertpapiere dienen dabei zur Besicherung des Darlehens, wobei die von der Bank festgesetzte Beleihungsgrenze bei Aktien meist etwa 60, bei festverzinslichen Wertpapieren von erstklassigen Schuldnern 80 Prozent beträgt. Wird diese Beleihungsgrenze unterschritten, so kann die Bank vom Kunden eine Zuzahlung (Nachschuss) fordern. Ziel des Kunden ist es, mit den gekauften Wertpapieren einen Ertrag zu erwirtschaften, der die Aufwendungen aus Darlehenszinsen und Spesen übertrifft. Der Wertpapierkauf auf Kredit kann allerdings auch sehr teuer werden: Verspekuliert sich der Darlehensnehmer, dann hat er neben den Kursverlusten auch noch die Zinsaufwendungen für das Darlehen zu verkraften.

Wertpapiergiroverkehr

Bezeichnung für die lediglich buchungsmäßige Übertragung von Effekten von Konto zu Konto. Sammeldepotanteile werden via Wertpapierschecks von einer Bank zu einer anderen übertragen. Es entfällt damit die zeit- und kostenintensive physische Übertragung der Wertpapiere.

Wertpapier-Kennnummer

Sechsstellige Zahl, die Wertpapieren zugeordnet wird und ihrer eindeutigen Identifizierung dient. Die Wertpapier-Kennnummer sollte ab 2003 durch die → ISIN ersetzt werden, doch hat sich Letztere bislang noch nicht so recht durchsetzen können.

Wertpapier-Sammelbanken/Kassenvereine

Spezialinstitute, denen die Abwicklung des Wertpapierverkehrs und die Verwahrung von Wertpapieren obliegt. Die Wertpapier-Sammelbanken, die die Titel verwahren, führen alle erforderlichen Verwaltungsmaßnahmen durch. Hier sind vor allem zu nennen: Abtrennung und Einlösung fälliger Dividenden- und Zinscoupons sowie die Beschaffung neuer Zins- und Dividendenbögen.

Wertstellung

Valutierung.

Widerstand

Begriff aus der technischen Wertpapieranalyse. Wenn der Kurs einer Aktie oder auch ein Index mehrmals bis auf ein bestimmtes Niveau steigt und anschließend wieder zurückfällt, dann spricht man von einem Widerstand oder einer Widerstandszone. Bedeutende Widerstände liegen oft im Bereich runder Zahlen wie 100 oder 1.000 und bei ehemaligen Höchstständen des betreffenden Titels. Offenbar finden sich auf diesem Niveau stets neue Verkäufer, wodurch ein weiterer Kursanstieg verhindert wird. Wenn der Kurs einen Widerstand schließlich doch nach oben überwindet, so fungiert dieser fortan als Unterstützung.

Wiederanlage

Allgemein: Anlage von Zinserträgen. Oft gebraucht zur Bezeichnung der Anlage von Investmentfonds-Ausschüttungen in Anteilen desselben Fonds.

Wiederanlagerabatt

Bei der Wiederanlage gewähren viele Fonds innerhalb einer bestimmten Frist Rabatte auf den Ausgabepreis ihrer Fondsanteile.

Wimpel

Trendbestätigungsformation im Rahmen der technischen Wertpapieranalyse. Der Chart zeigt die Form eines Wimpels, also eines rechts seitlich zugespitzten Dreiecks. Der Wimpel entsteht folgendermaßen: Einem deutlichen Kursanstieg folgt eine Konsolidierung. Die Kursausschläge werden immer geringer, der Chart verläuft schließlich recht flach und bildet so die Spitze des Wimpels aus. Mit umgekehrten Vorzeichen tritt die Wimpelformation auch bei Abwärtstrends auf.

Windfall Profits

Gewinne, die einem Unternehmen aufgrund einer allgemeinen Änderung der Marktsituation, nicht aber aufgrund eigener Anstrengungen zufliegen. Ein typisches Beispiel: Ein unerwarteter und starker Ölpreisanstieg beschert den Ölkonzernen Windfall Profits, falls deren Produktionskosten im gleichen Zeitraum nicht entsprechend steigen.

Window Dressing

So bezeichnet man den Versuch institutioneller Anleger, ihre Performance durch gezielte Käufe kurz vor Ablauf einer Rechnungsperiode – also etwa am Quartals- oder am Jahresende – zu schönen. Dabei werden bevorzugt Aktien gekauft, die sich im Jahresverlauf besonders gut entwickelt haben. Befinden sich Nieten im Depot, dann können deren Kurse durch gezielte

Käufe nach oben getrieben werden, um die Bilanz am Stichtag besser aussehen zu lassen. Dafür ist oft ein erheblicher Kapitaleinsatz erforderlich. Erfahrene Kleinaktionäre können durch geschicktes Taktieren durchaus davon profitieren, dass die großen institutionellen Anleger auf diese Weise ihre Leistungen in einem besseren Licht erscheinen lassen wollen.

Wirtschaftlichkeitsprinzip

Ökonomisches Prinzip.

Wochenumkehr (Weekly Reversal)

Bezeichnung für eine Trendumkehrformation in der technischen Analyse. Bei einer Wochenumkehr nach oben (unten) liegt der Eröffnungskurs am Montag höher (tiefer) als der Schlusskurs der Vorwoche. Am letzten Handelstag der Woche dagegen liegt der Kurs tiefer (höher) als der Vorwochenschlusskurs. Eine solche Kursentwicklung deutet darauf hin, dass der bisherige Trend beendet ist und der Kurs sich in die entgegengesetzte Richtung entwickeln wird. Im Prinzip entspricht die Wochenumkehr der Ein-Tages-Umkehr, allerdings benötigt die Formation zu ihrer Ausformung einen etwas längeren Zeitraum

WPKN/WPK

Börsenübliche Kurzbezeichnung für die Wertpapier-Kennnummer.

X

XETRA

Elektronisches System der Deutsche Börse AG zum außerbörslichen Handel umsatzstarker Wertpapiere. XETRA löste Ende 1997 das IBIS-Handelssystem ab. Es ermöglicht Investoren auch außerhalb der offiziellen Börsenhandelszeiten den Kauf und den Verkauf von Wertpapieren. Die Abkürzung steht für Exchange Electronic Trading System.

XETRA-DAX

Stand des DAX im Handelssystem XETRA.

XTF

Marktsegment der Deutschen Börse AG für den Handel von Exchange Traded Funds (ETFs) und aktiv gemanagte Fonds, die börsentäglich gehandelt werden .

Z

Zahlungsunfähigkeit

Auf dem Mangel an Zahlungsmitteln beruhendes, dauerhaftes Unvermögen eines Schuldners, seine sofort zu erfüllenden Verbindlichkeiten noch im Wesentlichen zu begleichen. Die Zahlungsunfähigkeit ist ein allgemeiner Insolvenzgrund.

Zero-Bond/Nullcoupon-Anleihe

Schuldverschreibung ohne Zinscoupon. Im Gegensatz zu herkömmlichen Anleihen werden Zero-Bonds nicht laufend verzinst. Die Papiere werden weit unter dem Nominalwert emittiert und bei Fälligkeit zum Nominalwert eingelöst (getilgt). Zero-Bonds weisen in Zeiten deutlich fallender Kapitalmarktrenditen oft starke Kurssteigerungen auf.

Zeichnung

Abgabe eines Angebots zum Kauf von Wertpapieren bei deren Emission. Durch schriftliche Erklärung verpflichtet sich der Zeichnende dabei zur Abnahme eines bestimmten Wertpapiervolumens. Im Fall einer Überzeichnung muss er allerdings damit rechnen, weniger Papiere zu erhalten, als er gezeichnet hat.

Zeichnungsbedingungen

Emissionsbedingungen.

Zeichnungsfrist

Festgelegter Zeitraum, in dem Interessenten zur Emission anstehende Wertpapiere zeichnen können.

Zeichnungsschein

Die Urkunde, auf der sich der Zeichnende durch schriftliche Erklärung zur Übernahme eines bestimmten Betrags einer Wertpapieremission verpflichtet.

Zeitwert

Bei Optionen und Optionsscheinen die Differenz zwischen dem Kurswert und dem inneren Wert. Gegen Ende der Laufzeit tendiert der Zeitwert von Optionen und Optionsscheinen gegen Null, Kurswert und innerer Wert nähern sich immer mehr an. Ein Maß für den Zeitwertverlust von Optionsrechten ist das → Theta.

Zeitwertverlust

Da sich der Börsenkurs einer Option oder eines Optionsscheins aus dem inneren Wert und dem Zeitwert zusammensetzt, erleidet der Inhaber schon allein durch den Zeitablauf Verluste, wenn sich das Basisinstrument nicht in die gewünschte Richtung bewegt. Am Ende der Laufzeit ist der Zeitwert auf Null zusammengeschmolzen, das Optionsrecht hat also nur noch dann überhaupt einen »Wert«, wenn der Schein oder die Option im Geld notiert und einen (positiven) inneren Wert aufweist. Der Zeitwertverlust pro Zeiteinheit (Monat, Woche, Tag) wirkt sich natürlich umso stärker aus, je kürzer die Restlaufzeit des Optionsrechts ist.

Zentralbank

Staatliches oder supranationales Geldinstitut, das die Verantwortung für Währungs- und Kreditpolitik sowie für den Zahlungsverkehr trägt. Zentralbanken haben außerdem das Privileg inne, Banknoten und Münzen auszugeben.

Zertifikat

Derivatives Finanzprodukt, das dem Inhaber die Partizipation an der Kursentwicklung des dem Zertifikat zugrunde liegenden Wertpapiers oder Finanzinstruments verbrieft. Dieses Underlying oder Basisobjekt kann zum Beispiel eine Einzelaktie, ein Index, ein Aktienkorb oder eine bestimmte Menge eines Rohstoffs sein. Zertifikate sind Inhaberschuldverschreibungen, die von Banken und anderen Emittenten begeben werden und zum Teil mit begrenzter, zum Teil mit unbegrenzter Laufzeit ausgestattet sind. Sie werfen keine laufenden Erträge wie Zinsen oder Dividenden ab, und ihr Rückkaufwert am Laufzeitende hängt von der Kursentwicklung des Underlying ab. Zertifikate haben in den vergangenen Jahren stark an Bedeutung und Beachtung gewonnen. Gab es zunächst nur Zertifikate auf Indizes wie den DAX-30 oder einzelne Aktien, so hat der Erfindungsreichtum der Emittenten vor allem in den ersten Jahren nach dem Börseneinbruch des Jahres 2000 für eine kaum noch überschaubare Vielfalt gesorgt. Diese Vielfalt bezieht sich sowohl auf die Underlyings als auch auf die Konstruktionen der Zertifikate, die vielfach vom Optionsmarkt her bekannte Strategien in sich vereinen. Beispiele: Discount-Zertifikate, Themen-Zertifikate, Garantie-Zertifikate etc.

Zielfonds

Investmentfonds, dessen Anteile von Dachfonds gekauft werden. Ein Dachfonds darf dabei höchstens zehn Prozent der Anteile eines Zielfonds erwerben.

Zins

Preis, den ein Kreditnehmer für die zeitweilige Überlassung von Geld oder Kapital zu zahlen hat. Die Zinsentwicklung ist einer der wichtigsten Einflussfaktoren auf die Tendenz an den Aktienbörsen.

Zins-Call, Zins-Call-Warrant

Optionsschein, der zum Bezug festverzinslicher Wertpapiere als Basisinstrument berechtigt. Geeignetes Instrument zur Spekulation auf fallende Zinsen und steigende Anleihenkurse.

Zinsinversion

Umkehrung der normalerweise vorherrschenden Zinsstruktur: In der Regel werfen Anleihen umso höhere Renditen ab, je länger ihre Restlaufzeit ist, da der Anleger hier sein Geld erst später zurückgezahlt bekommt. Bei einer inversen Zinsstruktur ist es umgekehrt: Je kürzer die Laufzeit, desto höher die Rendite. Solche Situationen sind allerdings selten und halten meist auch nicht lange an.

Zinsoptionsschein

Optionsschein, dessen Basisinstrument ein festverzinsliches Wertpapier ist. International übliche Bezeichnung: →Bond Warrant.

Zins-Put, Zins-Put-Warrant

Optionsschein, der zum Verkauf eines festverzinslichen Wertpapiers als Basisinstrument berechtigt. Geeignet zur Spekulation auf steigende Zinsen und fallende Anleihenkurse.

Zinssatz

In Prozent des Nominalwerts ausgedrückte jährliche Vergütung.

Zinsscheine

Analog zu den Dividendencoupons bei Aktien gehört zu jedem festverzinslichen Wertpapier ein Zinsscheinbogen. Die einzelnen Zinsscheine werden jeweils zu den festgelegten Zinsterminen abgetrennt und eingelöst. Falls der Anleger die Urkunden selbst aufbewahrt, muss er dies selbst erledigen. Bei der Girosammelverwahrung festverzinslicher Wertpapiere gehören Abtrennung und Einlösung der Zinsscheine zu den Obliegenheiten der Wertpapiersammelbank.

Zinssensitive/zinsreagible Aktien

Im Prinzip wirkt sich die Zinsentwicklung auf die gesamte Börsensituation und somit auf alle Aktien aus. Anleihen sind eine wichtige Konkurrenz der Geldanlage in Aktien. Je höher die Anleihenrendite, desto attraktiver werden diese Papiere und desto weniger attraktiv wirkt im Umkehrschluss die Investition in Aktien. Daher sind steigende Zinsen für die Entwicklung an den Aktienmärkten in der Regel sehr negativ. Es gibt jedoch Branchen, deren Ertragsentwicklung direkt von der Zinstendenz betroffen ist und die daher noch stärker als andere Wirtschaftszweige auf diesen Einfluss reagieren. Hierzu zählen insbesondere Banken, Versicherungen und Finanzdienstleister. Deren Aktien schneiden bei steigenden Zinsen im Vergleich zum Gesamtmarkt oft unterdurchschnittlich ab.

Zinsstrukturkurve

Systematische Darstellung der Renditen festverzinslicher Wertpapiere in Abhängigkeit von ihrer Restlaufzeit.

Zinstender

Verfahren zur Platzierung festverzinslicher Wertpapiere am Kapitalmarkt. Die Papiere werden an die Meistbietenden verkauft, wobei in der Regel ein festgesetztes Mindestgebot einzuhalten ist. Die Zuteilung erfolgt zu dem Kurs, zu dem das gesamte Emissionsvolumen abgesetzt werden kann, also zu einem Einheitskurs an alle Anleger, die diesen oder einen höheren Preis geboten haben. Gegensatz: → Mengentender.

Zins-Terminkontrakt

Terminkontrakt mit Zinstiteln als Basisinstrument. International werden Zins-Terminkontrakte als Interest Rate Futures bezeichnet.

Zinstrend

Längere Zeit anhaltende Aufwärts- oder Abwärtsbewegung der am Anleihenmarkt zu erzielenden Renditen.

Zocker

Bezeichnung für einen Börsenteilnehmer, der auf hohe und schnelle Gewinne aus ist und zu diesem Zweck beträchtliche Verlustrisiken eingeht.

Zusatzaktien

Synonyme: Berichtigungs- oder Gratisaktien, die im Rahmen einer Kapitalerhöhung aus Gesellschaftsmitteln an die Anteilseigner ausgegeben werden. Letztere Bezeichnung ist allerdings irreführend, da die Anleger durch die Ausgabe von Zusatzaktien keinen Vermögenszuwachs erfahren.

Zweihundert-Tage-Linie

Gleitender Durchschnitt, der aus den Kursen der jeweils letzten 200 Börsenhandelstage gebildet wird. Im Rahmen der technischen Analyse wird dieser Linie erhebliche prognostische Relevanz eingeräumt: Schneidet der aktuelle Kurs die 200-Tage-Linie von unten nach oben, so ist dies ein Kaufsignal. Im umgekehrten Fall entsteht ein Verkaufssignal. Am stärksten ist die Signalwirkung, wenn aktueller Kurs und gleitender Durchschnitt in die gleiche Richtung verlaufen. Wird eine aufwärts gerichtete Linie nach oben durchbrochen, so ist dies ein recht deutliches Kaufsignal.

Zwölf-Monats-Frist

Nach deutschem Steuerrecht sind erzielte Kursgewinne in jeder Höhe steuerfrei, wenn zwischen Kauf und Verkauf des Wertpapiers mehr als zwölf Monate vergangen sind. Falls bis zum Verkauf weniger als zwölf Monate verstrichen sind, müssen die erzielten Gewinne als Spekulationsgewinne versteuert werden. Der Anleger ist daher gut beraten, diesen Aspekt vor der Realisierung von Kursgewinnen in Erwägung zu ziehen und auch auf die eventuell bevorstehende Gesetzesänderung zu achten.

Zykliker, zyklische Aktien

Aktien von Unternehmen, deren Umsatz- und Gewinnentwicklung in hohem Maß vom Konjunkturverlauf abhängig ist. Typisch zyklische Branchen sind Metall, Papier, Maschinenbau, Basischemie und Ölförderung. Der Kursverlauf zyklischer Aktien nimmt die konjunkturelle Entwicklung oft vorweg. Steigen die Stahl-Aktien, dann dürfte diese Branche bald einen Aufschwung erleben.

MINDTRAIN
Praxisratgeber Trading
TRADING ROOM
Derivaten
Die besten Anlagestrategien der Welt
Börsenkalender 2006
Bärenmarkt
AKTIEN STRATEGIEN
PORTFOLIO SELECTION
DEPOT-OPTIMIERUNG mit ZERTIFIKATEN
Erfolgreich investieren in Nebenwerte
DER KOLLAPS DES DOLLARS
mit Rohstoffen
CFDs
DIE MACHT DES GOLDES
MONEY MANAGEMENT
LARRY WILLIAMS
ENZYKLOPÄDIE DER TECHNISCHEN INDIKATOREN

Neue Wege
ERFOLGREICH
ZSCHABER METHODE
Tools & Tactics for Master Trader
Markt und Meinung
GOLD
222 Fragen
Wir schaffen das!
JIM ROGERS
ROHSTOFFE
Zukunftsmarkt Asien
GESCHLOSSENEN FONDS
TAGE DER ABRECHNUNG
Weltsichten Weitsichten
VALUE-INVESTING
Exchange Traded Funds
Mentale Börsenkompetenz
Der große CRASH 1929
TRUMP
Wie man reich wir
DONALD J. TRUMP
GEWINNEN BEGINNT INNEN
Behavioral Finance
John Hill
Der ultimative TRADING-GUIDE
Hedge Fonds
Steve Nison
Technische Analyse mit Candlesticks
DER GROSSE INDEX GUIDE
Technische Kumulations Analyse

Tobias Aigner / Markus Bilger

Die besten Börsenstrategien

302 Seiten, Hardcover

Preis € 29,90 (D); € 30,80 (A); SFr 52,20

ISBN 3-89879-226-9

Dividenden-, Wachstums- oder MACD-Strategie? Welcher Investmentansatz steigert die Rendite und senkt das Verlustrisiko? Welche Anlageprodukte helfen bei der Umsetzung der Strategien? An welchen Börsen der Welt funktionieren diese Investmentmethoden? Tobias Aigner und Markus Bilger bieten einen Leitfaden für die Geldanlage an den Börsen, an den Sie sich über Jahre und Jahrzehnte hinweg halten können.